Anonymous

Ostafrikanische Erinnerungen einer freiwilligen Krankenpflegerin

Anonymous

Ostafrikanische Erinnerungen einer freiwilligen Krankenpflegerin

ISBN/EAN: 9783743421578

Hergestellt in Europa, USA, Kanada, Australien, Japan

Cover: Foto ©ninafisch / pixelio.de

Manufactured and distributed by brebook publishing software (www.brebook.com)

Anonymous

Ostafrikanische Erinnerungen einer freiwilligen Krankenpflegerin

Ostafrikanische Erinnerungen

einer

freiwilligen Krankenpflegerin

von

H. v. B.

Berlin 1891.

Buchhandlung der Deutschen Lehrer-Zeitung.
(Fr. Zillessen)

„Was giebt es Neues in Afrika?" So fragte man vor mehr denn 2000 Jahren, zur Zeit der punischen Kriege, im alten Rom, und dieselbe Frage kann man auch jetzt wieder im modernen Berlin hören. Kommt nun Jemand direkt aus dem schwarzen Welttheile und hat Gelegenheit gehabt, sich in den jungen Kolonien in Ost=Afrika, wo eben deutsche Kraft und Intelligenz ihre Triumphe feiern, ein wenig umzuschauen, so ist des Frage= und Antwortspieles kein Ende. Man soll erzählen ohne Unterlaß, seine Erlebnisse und Erfahrungen zum Besten geben, womöglich auch auf das Papier bringen. Alle Einwendungen, daß man über das schon viel besprochene Thema kaum etwas Neues vorbringen kann, daß man nicht rede= und noch viel weniger schreibgewandt ist, sich noch niemals im Schriftstellern versucht hat, läßt man nicht gelten; „denn wenn man eine Reise thut, so kann man was erzählen!", daran wird festgehalten und zuletzt muß wohl die wiederholte Aufforderung: „So schreiben Sie doch etwas über Afrika," wie eine Art Hypnotisierung, wie eine Suggestion auf mein von der tropischen Sonne etwas ausgetrocknetes, nicht mehr widerstandsfähiges Gehirn wirken, denn fast mechanisch greife ich zur Feder und lasse auf das Papier fließen, was mir die Erinnerung diktirt.

Es war ein wunderbar schöner, unvergeßlicher Tag, als das stattliche französische Schiff der „Rio Grande", auf dem wir uns für Sansibar eingeschifft hatten, am 12. Mai 1889 die Anker lichtete. Wie magisch gebannt hing der Blick noch lange an den malerischen Felsgebilden der französischen Küste; aber immer unbestimmter, immer nebelhafter wurden die Umrisse und mit unbeschreiblichen Gefühlen sah ich das letzte Stück europäischen Bodens verschwinden. Ist es doch, als käme es in einem solchen Moment erst voll und ganz zum Bewußtsein, daß man nun losgelöst ist von der Heimath, sich mit jedem Augenblick weiter entfernt von Allem, was uns dort lieb und theuer ist. Noch einmal durchlebte ich im Geiste den Abschied von den Meinen und von dem mir so liebgewordenen Lazarushause. Wie erhebend klangen die Worte des Geistlichen, wie feierlich und ergreifend der Gesang der Schwestern: „Zieht in Frieden Eure Pfade, mit Euch des großen Gottes Gnade." Nun war ich auf dem Wege nach dem fernen Afrika. Welch seltsame Schicksalsfügung! Noch vor wenigen Monaten hätte ich mir so etwas nicht träumen lassen. Nach beendigtem Cursus in der Krankenpflege, die ich gelernt hatte, um mich in einem möglichen Kriege nützlich machen zu können, wollte ich nach Italien reisen. „Warum nicht lieber nach Afrika?" sagte man mir, „wo jetzt deutsche Landsleute kämpfen und Hülfe dringend erwünscht ist; das wäre doch eine christliche und eine patriotische That." An meinen Patriotismus darf man nicht vergeblich appelliren, auch war zum langen Besinnen keine Zeit; ein schneller Entschluß muß gefaßt werden, und ein schneller Entschluß ist oft der beste. Ich erklärte mich bereit, mich im Dienste der Ostafrikanischen Missionsgesellschaft der guten Sache zu widmen, und dasselbe that, zu meiner großen Freude, eine mir bei gemeinschaftlicher Arbeit im Lazarushause liebgewordene Gefährtin, deren Charakter ich besonders hochschätzte. So zu zweien zog man mit ganz anderem Muthe nach dem dunklen Welttheile, den fremden Verhältnissen entgegen; da war man sich gegenseitig ein Trost und eine Stütze. – Jetzt war nun auch der Rubicon überschritten! wollten sich noch Bedenken regen, sie durften nicht mehr aufkommen; nun hieß es: vertrauensvoll in die Zukunft blicken, das Beste hoffen und auf Alles gefaßt sein. Wie könnte man auch beim Anblick des weiten unbegrenzten Meeres noch ängstlich und kleinlich die möglichen Wechselfälle des eigenen Schicksals erwägen? Hier kömmt man sich inmitten der grandiosen Natur so winzig klein, so atomartig vor. Eine dünne Plankenwand trennt uns vom trügerischen Element, das jetzt so vertrauenerweckend, sanft und ruhig, jeden Augenblick Wellenberge aufthürmen kann, um uns zu verschlingen und ein Ende zu machen allen thörichten Wünschen, Hoffnungen und Sorgen. Und wie ich dem Spiele der Wellen zuschaute, die wie flüssig gewordenes Metall, wie Billiarden von Diamanten und Edelsteinen in der Sonne glitzerten und funkelten, sich hoben und senkten, weiße Schaumkrönchen formend, um die reizenden Gebilde gleich wieder in nichts aufzulösen – da glaubte ich etwas von der Sprache zu verstehen, die hier geredet wurde. „Ist nicht vieles, was wir heiß ersehnen, vielleicht auch nur solch Wellenschaum?" fragte ich mich, ein Nichts, des Begehrens nicht werth. Nur die Oberfläche wird bewegt, unten in der Tiefe herrscht Ruhe, wie oben am Himmel. Und ob Alles im ewigen Wechsel kreist, es beharret im Wechsel ein ruhiger Geist. Fühlen wir uns in des Höchsten Hand, dann fühlen wir uns sicher überall; wir hören seine Stimme im Wellengebrause eben so wie im Rauschen des Waldes, im fernen Afrika eben so wie in der Heimath. Ein wunderbarer Friede kam über mich.

Das laute Tönen der Tischglocke riß mich plötzlich etwas unsanft aus meinen weltverlorenen Träumereien, um mich schnell wieder zur Prosa des Lebens zurückzuführen. Die materiellen Genüsse, die bei dem guten, aus vielen Gängen bestehenden Diner geboten wurden, waren nun auch nicht zu verachten, nachdem die Seeluft den Appetit angeregt hatte. „Entsagung" hieß jedenfalls die Losung nicht auf dem französischen Schiffe, das merkte man schon bei dieser ersten Mahlzeit, und wenn die Seekrankheit nicht ihre Tücken an uns übte, so war zu hoffen, daß wir in 3 Wochen genügend gestärkt am Ort unserer Bestimmung, in Sansibar, anlangen würden. — Nach Tische wurde noch lange auf Deck Luft und Natur geschwelgt. Es war gar zu schön, so frei und unbeschränkt in die Unermeßlichkeit des ungeheuren Himmelsraumes hineinblicken zu können, aus dessen tiefem Blau immer wieder nun funkelnde Sternbilder heraufzogen, deren Abglanz im Wasser erzitterte. Nur schwer konnte man sich losreißen, um die Nachtruhe in der kleinen Cabine aufzusuchen. Sie war in ihrer Engigkeit nicht gerade ein verführerisches Schlafgemach, aber die frische Seebrise, welche durch das Fenster strich, versöhnte damit, und das Schlummerlied, welches mir die Wellen sangen, wiegte mich auf das Angenehmste in den Schlaf. Mit einem ganz besonderen Wohlgefühl erwachte ich am andern Morgen. Da gab es auch gleich eine Ueberraschung: eine wildzerklüftete Bergkette, die Insel Corsica lag vor uns. Wie gern hätte ich einen Blick hinter diese dunklen Berge gethan und die Bekanntschaft des tapferen Volksstammes gemacht, von welchem der Geschichtsschreiber Gregorovius so viel Interessantes zu erzählen weiß. Auf der andern Seite zog sich die Küste von Sardinien hin; wir fuhren durch die Straße von Bonifacio. Verschiedene Inseln wurden sichtbar, darunter das durch den Nationalhelden Italiens denkwürdig gewordene kleine Caprera. Es war wieder ein herrlicher Tag! Himmel und Meer erglänzten im tiefsten Azur; nur leicht kräuselten sich die Wellen, wie durch einen Lichtäther fuhr man dahin. Aber wandelbar wie das menschliche Schicksal zeigt sich das Meer, heute still und friedlich, morgen stürmisch bewegt. Gegen Abend zogen düstere, Unheil verkündende Wolken herauf, und als ich am andern Morgen auf Deck kam, da bot die ganze Umgebung eine vollständig veränderte Physiognomie. Schwarz wie der Himmel war auch die Stimmung vieler Passagiere, die, ein Opfer der bösen Seekrankheit, elend, bleich und todesmatt auf ihren Stühlen dahingestreckt lagen: ein wahres Bild des Jammers! Auch der stolze „Rio Grande" mußte seine Schwachheit den elementaren Gewalten gegenüber bekennen, denn wie eine Nußschale wurde er von den sich aufbäumenden Wellen herumgeschleudert. Erst gegen Abend, als wir uns den Liparischen Inseln — unter denen sich der ausgebrannte Vulcan Stromboli recht imponirend hervorhob — und der Küste von Calabrien und Sicilien näherten, hatte sich der Sturm etwas gelegt und ziemlich friedlich ging es durch die aus dem Alterthum berüchtigte Scylla und Carybdis hin=durch. Die Schatten der Nacht lagen schon auf Messina und Reggio und machten nur die zahlreichen Lichter darauf aufmerksam, daß man an zwei größeren Städten vorbeifuhr. Wie ein dunkles Gespenst ragte der Etna in die Lüfte. Am vierten Tage unserer Seereise erblickten wir das letzte Stück von Europa: als eine von Duft umwobene Bergkette, mit glänzend weißen Schneespitzen, präsentirte sich ganz reizend die Insel Kreta. Von dem Schnee hätte man sich zur Er=frischung etwas mitnehmen mögen nach dem heißen Afrika. Bis jetzt machten sich übrigens die südlichen Regionen nur angenehm fühlbar. Fast hellblau, durchsichtig wie Krystall schimmerten die Wogen, und ungemein wohlthuend waren die weichen linden Lüfte. Wie gern sich der Südländer, von der Natur beeinflußt, dem dolce farniente hingiebt, fing ich an zu begreifen, denn immer wieder ertappte ich mich dabei, wie ich träumerisch den Blick in die Ferne schweifen ließ und die Suahili=Grammatik, die ich eifrig auf der Reise studiren wollte, meinen Händen entglitten war. Trotz der geringen Abwechslung, welche anscheinend eine Seereise bietet, waren die Tage im Umsehen verstrichen und am 18. Mai erwachten wir in Afrika! Das Schiff hatte Nachts 2 Uhr in Port Said angelegt. Das Bild, welches sich uns bot, als wir auf Deck kamen, war ein so fremdartiges, daß wir wohl daran glauben mußten, im Orient zu sein. Unzählige braune Gestalten in den verschiedensten Trachten und mit turbanähnlichen Kopfbedeckungen umschwärmten lebhaft gestikulirend und laut schreiend das Schiff, ihre Dienste und ihre Boote anbietend. Sehr vertrauenerweckend sah das Volk gerade nicht aus, aber es war doch zu verführerisch, den Fuß auf afrikanischen Boden zu setzen, der nur ein paar Ruderschläge von uns entfernt war. Da winkte auch schon Consul S., der in aller Frühe an's Land gegangen war, uns von drüben zu; unter seinem Schutz konnten wir wohl den ersten Gang in den dunklen Welttheil hineinwagen.

Viel Interessantes wurde unserer Wißbegierde allerdings nicht geboten, denn die ganz neugebaute Stadt, die schnell durchwandert war, trug wenig orientalisches Gepräge. Am meisten der Beobachtung werth war uns die Bevölkerung und machten mir die braunen Eseljungen Spaß, die ihre Schutzbefohlenen mit den seltsamen Worten anboten: Guter Esel, Berliner Esel, Bismarckesel! Des großen Bismarck Namen hier bei unserem Eintritt in Afrika in dieser Verbindung zu hören, war jedenfalls ebenso originell wie unerwartet. — Um 8 Uhr setzte sich das Schiff wieder in Bewegung und nun ging es in den Suez=Canal hinein. Das Landschafts= bild, welches sich hier vor unseren Augen entfaltete, war weniger schön, wie eigenartig. Das weite, gelbe Sandmeer der Wüste lag vor uns und das erste Kameel wurde sichtbar; bald darauf eine einsame Palme, ein ziemlich verkümmertes Exemplar, die Vegetation des Orients ziemlich schlecht ver= tretend. Das konnte wohl die Palme nicht sein, von welcher der Fichtenbaum im Norden auf kahler Höh' träumte. Doch immer lebhafter wurde es auf dem schmalen Damme zur Seite des Canals: Fremdartige braune und schwarze Ge= stalten, Fellachen und Beduinen — letztere in weitflatternden weißen Gewändern — zogen vorüber, eine ganze Herde von Kameelen, wohl 40 Stück auf einmal, wandelte langsam und träge dahin. Ab und zu kamen wir an niedlichen kleinen

Dörfchen vorbei, die so neu und frisch aussahen, als wären sie eben aus einer Nürnberger Spielschachtel ausgepackt und zum Vergnügen der Reisenden aufgestellt. Bakschisch schreiende Fellachenkinder liefen den Canal entlang, versuchend, mit dem Schiff Schritt zu halten, und rissen sich um die Geldstücke, welche wir ihnen zuwarfen. „Bakschisch", davon hatte ich wohl in Reisebeschreibungen gelesen, jetzt hörte ich es zum ersten Male selbst das verhängnißvolle Wort, welches einen armen Orientwanderer zur hellen Verzweiflung treiben kann. Das ist der ewige Gesang, der Jedem in die Ohren klingt! Wer den Orient betreten hat, der sei darauf gefaßt, dies eine Wort vom frühen Morgen bis zum späten Abend zu hören. Bakschisch (Trinkgeld) ruft Jeder, der einen kleinen Dienst erwiesen hat, und wer keinen erwiesen hat, ruft, die Hand ausstreckend, auch Backschisch, denn das Ausplündern der Fremden scheint der Araber als sein Recht anzusehen. — Gegen Mittag wurde die Hitze etwas ungemüthlich; 25 R. im Schatten — für uns Neulinge in Afrika doch eine ungewohnte Temperatur — und mit den Fliegenschaaren, die uns umschwärmten, konnte ich mich auch noch nicht recht befreunden. Der herrliche Abend entschädigte für die kleinen Leiden des Tages; ein Theil des Wassers erglänzte im wunderbarsten Silberschein, hervorgerufen durch das elektrische Licht des Schiffes, welches der Sicherheit wegen bei eintretender Dunkelheit angezündet wurde. Als wir am andern Morgen erwachten, da waren wir im rothen Meere! Unwillkürlich gedachte ich der fernen Zeiten, wo ich als kleines Mädchen, mit andächtigem Staunen den Worten des Lehrers lauschend, die wunderbare Kunde vernahm, wie der Herr sein auserwähltes Volk vor dem bösen Pharao gerettet hatte. Dem kindlichen Phantasiegebilde von damals entsprach nun die Wirklichkeit nicht. Das rothe Meer war tiefblau wie der wolkenlose Himmel, welcher sich darüber wölbte; es unterschied sich in der Farbe nicht vom Mittelmeere. Zu beiden Seiten, auf der asiatischen sowie auf der afrikanischen zogen sich schon geformte, röthlich-graue Bergketten hin, blendendweiße Sandstreifen hoben sich scharf ab und machten den Eindruck von Gletschern, die sich zum Meere herabsenkten. Natürlich spähte das Auge nach dem Sinai; da tauchte auch ein wolkenartiges Gebilde auf, nur schwer ließen sich die schattenhaften Umrisse erkennen, aber man hatte doch den berühmten Berg mit eigenen Augen geschaut! — Von der furchtbaren Hitze im rothen Meere hatte ich oft gehört, war also vorbereitet: aber ich hatte mir doch nicht den Schatten eines Begriffs davon gemacht, mit welch versengender Gluth die Sonne hier ihre Strahlen herabsendet. Man hat das Gefühl, als ob man zerschmelzen müßte. Die ersten Tage war die Hitze noch erträglich, aber als wir den Wendekreis des Krebses überschritten und uns in der heißen Zone befanden, wurde es fast zur Tortur, die Nächte in der kleinen Cabine zuzubringen. Fast Alle kampirten auf Deck, wo der Kapitän für die Damen eine besondere Abtheilung reserviren ließ. Sehr bequem war es ja nun gerade nicht, so vollständig angekleidet in den Deckstühlen zu liegen; aber sich zum nächtlichen Schlummer von den Wellen einlullen und vom Seewind umfächeln zu lassen, das hatte doch auch seinen Reiz, und wenn man die Augen einmal aufschlug gleich in die ewigen Himmelslichter hineinzublicken, in dieses Heer ungezählter Welten! Da wurde einem ganz andächtig feierlich zu Muthe. Wie vier funkelnde Diamanten blitzten die Sterne des südlichen Kreuzes dort unten am Horizonte auf, und wie ein Gruß aus der Heimath strahlte uns das schöne Sternbild des großen Bären in blendender Helle entgegen. Noch nie hatte ich den nächtlichen Himmel in so unvergleichlicher Pracht gesehen, wie hier in der krystallklaren reinen Luft. — Allerdings nicht immer hielt die poetische Stimmung vor; oft, wenn durchaus kein Schlaf in die müden Augen kommen wollte, hätte man etwas mehr Bequemlichkeit und weniger Romantik vorgezogen; man sehnte sich wieder nach dem Ruhelager in der Cabine und wünschte recht sehr das

Ende der Prüfungszeit im heißen rothen Meere herbei. — Am 23. Mai legte das Schiff in Obok an. Ein paar dürftige kleine Häuser, dahinter eine niedrige Bergkette; so stellte sich von weitem die kleine Ortschaft dar, nicht verlockend genug, um ihretwillen das Schiff zu verlassen, welches ähnlich wie in Port Said von einem Rudel dunkler unheimlicher Gestalten umwimmelt wurde. Viele kamen an Bord, um allerlei Waaren, besonders Straußenfedern, zum Verkauf anzubieten, wobei sie einen wahren Höllenlärm vollführten; es kam mir vor, wie ein Ueberfall von Wilden. Die Töne, welche sie ausstießen, schienen mir thierischen Lauten ähnlicher als einer menschlichen Sprache. Hier konnte man vor der schwarzen Menschenrasse ein wirkliches Grauen bekommen, doch war dieselbe wohl gerade in dieser Gegend am wenigsten vortheilhaft vertreten. Man athmete auf, als man sich nach einem mehrstündigen, recht unerquicklichen Aufenthalte wieder aus dem Bereiche dieser Wilden entfernte. Bei einbrechender Nacht warf das Schiff vor Aden Anker und konnte das Auge nur undeutlich eine Häuserreihe am Fuße einer Bergkette erkennen. Daß dieselbe so dunkel war, schrieb ich der Schwärze der Nacht zu; aber auch am folgenden Tage, im vollen Morgenlichte, bot Aden noch ein ganz eigentümlich düsteres Bild; die hellstrahlende Sonne konnte die dunklen Berge nur um weniges erhellen. Voll Wißbegierde, Stadt und Umgebung in der Nähe zu beschauen, ließen wir uns schon $^{1}/_{2}6$ Uhr ans Land rudern und war unser Ziel die riesigen hochgelegenen Cisternen, welche die Stadt, in deren Umgebung Quellen gänzlich fehlen, mit Wasser versorgen. Von den Römern sind sie schon angelegt und von den Engländern in der Neuzeit restaurirt worden. Von dort oben genießt man einen schönen Blick über Stadt und Meer, und wie über eine Oase in der Wüste freut man sich in dieser sonnverbrannten, baumlosen Gegend über einen kleinen Garten, wo Akazien süße Düfte verbreiten und breitblättrige Bananen wohlschmeckende Früchte spenden. Eine Fahrt durch die Stadt, welche im Innern eines ausgebrannten Kraters liegt und von ganz vegetationslosen Felsmassen umgeben ist, war mir höchst interessant, da ich zum ersten Male die orientalische Bauweise kennen lernte. Diese niedrigen graugelben Häuser mit den flachen Dächern gewährten keinen freundlichen Anblick; bei uns unter dem so oft grauen Himmel des Nordens würde ich mir ein solches Stadtbild unsäglich traurig vorstellen; in dem blendenden Licht der südlichen Sonne tritt der melancholische Eindruck nicht so hervor. Angenehm überrascht war ich von der Bevölkerung. Neben den Arabern machten sich die Somalis hier geltend, deren kühn geschnittene Gesichter und stolze Haltung auf Intelligenz und Selbstbewußtsein deutete. Ein kleines Haus hoch oben in den Bergen wurde mir als Wohnung des englischen Consuls bezeichnet, der schon seit 14 Jahren dort residiren soll. Mir erschien dies als eine bewunderungswürdige Leistung, und Andere mußten wohl denselben Eindruck empfangen haben von dieser öden, reizlosen Gegend. „Horrible!" hörte ich einen französischen Geistlichen sagen, als er, nachdem sich das Schiff wieder in Bewegung gesetzt hatte, den letzten Blick auf Aden und seine schwarzen Berge warf. — Nun ging es in den offenen Indischen Ocean hinaus; um das Cap Gardafui herum, das sich seines Namens „Hüte dich!" würdig zeigte. Die Wellen gingen hier furchtbar hoch und lustig tanzte unser „Rio Grande" darauf herum. Den Passagieren, von denen ein großer Theil von dem gefürchteten Gespenst der Seekrankheit gepackt wurde, war aber nicht lustig dabei zu Muthe. Es herrschte entschieden eine etwas niedergedrückte Stimmung, und auch die Freuden der Tafel wurden nur wenig gewürdigt, indem die meisten vorzogen, bei den gemeinschaftlichen Mahlzeiten durch Abwesenheit zu glänzen und ihr Leid in den Cabinen zu verbergen. Auch ich, die ich mir eingebildet hatte, ganz seefest zu sein, mußte nun die Erfahrung machen, daß der Mensch doch ein recht gebrechlich Ding ist, wenn die entfesselten Naturgewalten an=

fangen, mit ihm ihre ernste Sprache zu reden; die Seekrank
heit verschonte mich jetzt auch nicht ganz, was aber jeden
falls das Gute hatte, daß ich nun besser als zuvor die
Leiden meiner Reisegefährten zu würdigen wußte. Am
29. Mai hatten wir den Aequator passirt; aber die frische
Seebrise, welche fortwährend wehte, ließ es nicht so sehr
empfinden, daß man sich in den heißesten Regionen des Erd
balls befand. Immer näher kamen wir nun unserem Ziele.
Nie hätte ich es für möglich gehalten, daß mir eine drei
wöchentliche Seereise so kurz erscheinen könnte; aber wie der
Blick auf offenem Ocean sich verliert in die endlose Ferne,
so verliert man im traumverlorenen Sichgehenlassen auch
fast den Begriff für Zeit und Raum. Schnell schwanden
die letzten Tage dahin und mit sehr gemischten Gefühlen,
wohl freudig erregt, aber auch nicht ohne Bedauern, sah ich
dem Ende der Seereise entgegen, als es eines Tages hieß:
„Heute erreichen wir Sansibar!" Jetzt sollte ein neues, un
bekanntes Leben beginnen; die Zeit des thatenlosen Träu
mens war vorüber, und ich mußte mir eingestehen, ich hatte
diese Zeit der Muße und Vorbereitung nur mittelmäßig an
gewandt. Aus dem Studium des Arabischen war äußerst
wenig geworden, die Suahili=Grammatik auch nur zur Hälfte
bewältigt, nun sollten sich die in der Eile erworbenen, mangel
haften Sprachkenntnisse in der Praxis bewähren. In fieber
hafter Erregung repetirte ich die Worte und Sätze, die man
mir als die nothwendigsten im Verkehre mit den Eingeborenen
besonders empfohlen hatte, meinem Gedächtnisse einzuprägen.
Unsere Geduld sollte noch ein wenig auf die Probe gestellt
werden, denn Abends war das Ziel noch nicht erreicht, und
in der folgenden, recht stürmischen Nacht verlor das Schiff
den Curs, so daß dann erst gegen Mittag ein in blauen
Dunst gehüllter schmaler Küstenstreif sichtbar wurde. Das
war die Insel Sansibar! Immer deutlicher traten die Um
risse hervor, und ein Stück Tropenwelt entfaltete sich im
hellen Lichte der Mittagssonne in seiner ganzen eigenartigen

Schönheit. Auf hohen, schlanken Stämmen wiegten sich Palmenwedel in den Lüften; das dunkelgrüne üppige Laub dazwischen gehörte, wie man mir erklärte, den Mangobäumen an. Auch Zuckerrohrpflanzungen und Gruppen von Affenbrotbäumen waren zu unterscheiden. Das kleine grüne Eiland sah verführerisch genug aus, ganz geeignet, um Vertrauen zu erwecken zum neuen, unbekannten Heim. Auch die Stadt Sansibar mit ihren weißen, von zahlreichen Palmenkronen überragten Häusern und dem zierlich gebauten Sultanpalast im Vordergrunde bot aus der Ferne ein ungemein freundliches Bild. Zahlreiche Boote kamen auf das Schiff zu, als dasselbe in dem sehr belebten Hafen Anker warf und bald wurden wir von deutschen Landsleuten begrüßt und willkommen geheißen im fremden Lande. Da war auch Schwester Henriette; welch' eine Freude und welch' ein Wiedersehen! Vier Monate früher wie wir war sie herausgezogen, um das deutsch-evangelische Hospital in Sansibar, welches der Ostafrikanischen Missionsgesellschaft gehörte, zu übernehmen. Wie hätte ich damals denken können, als wir auf dem Bahnhofe in Berlin den letzten Händedruck austauschten, daß wir sobald wieder vereint sein würden und noch dazu im fernen Afrika! Eine Reise dorthin meinerseits schien mir damals ungefähr ebenso wahrscheinlich wie eine Reise nach dem Mond. — Nachdem man all sein Gepäck und sich selbst in einem Boote untergebracht hatte, fuhr man in recht erwartungsvoller Stimmung dem Lande zu. Zum Glück war gerade Fluth, sodaß uns unser Schifflein auf's Trockene bringen konnte. Die andere Beförderungsweise, die bei Ebbe oft unvermeidlich ist, bei der man sich dem Rücken eines Negers anvertrauen muß, hätte wohl, da ich noch nicht an solch' ländlich-sittliche Gebräuche gewohnt war, nicht ganz meinen Beifall gehabt. Später in Bagamoyo fand ich noch Gelegenheit solch' Negerritt und sogar mit Hindernissen und Reinfall zu erproben. So war ich nun wirklich in Sansibar! Wenn in der nordischen Heimath, wo an trüben Herbst- und Wintertagen, die Phantasie so gern ihre Schwingen hebt und uns in ferne Länder führt, das Bild einer orientalischen Stadt vor unserem geistigen Auge auftaucht, so umwebt man dasselbe gewöhnlich mit einem märchenhaften Zauber: Man denkt an reizende Gärten mit Springbrunnen und rauschenden Bächen, an seltene Pflanzen und buntfarbige Blumen, die sinnverwirrende Düfte verbreiten. Nun hätte man sich zwar durch Reisebeschreibungen und mündliche Erzählungen solcher, die sich etwas in der weiten Welt umgeschaut haben, längst darüber belehren können, daß auch in Beziehung auf die orientalischen Städte Phantasie und Wirklichkeit meistens zwei grundverschiedene Dinge sind; aber die durch phantastische Märchen hervorgerufenen Eindrücke der frühesten Kindheit, sitzen zu fest, um sich so leicht ausrotten zu lassen, da muß erst die eigene Anschauung eines Besseren belehren. Was ich nun zunächst, als wir in das Innere der Stadt eindrangen, sah, erinnerte sehr wenig an orientalische Pracht. Durch enge, winklige und schmutzige Straßen ging es hindurch; man sah wohl einige ganz stattliche steinerne Häuser mit kunstvoll geschnitzten Holztüren, aber gleich dicht daneben wieder ein ruinenhaftes Gemäuer, oder eine schilfgedeckte Hütte. Für jedes an Ordnung und Regelmäßigkeit gewöhnte Auge mußte das Alles ein wahres Greuel sein, aber welches Entzücken und welche Motive für einen Maler! Wie keck da eine schlanke Palme das alte, vom üppigen Grün überwucherte Mauerwerk durchbrach und wie leuchtend hob sich dort der rothe Granatbusch von dem dunklen Gemäuer ab. Und nun erst alle die malerischen Gestalten! Was war das für ein wunderliches Menschenmosaik in allen Farben und Schattirungen, welch' seltsame Trachten! Hier, schien es mir, ist die Tyrannin Mode, welche Alles zum langweiligen Einerlei macht, noch nicht zur Herrscherin erhoben; hier hat Jeder seine Mode für sich und folgt nach Belieben seinem eigenen guten oder schlechten

Geschmack. Da wandelt ein Araber, mit Turban und Kaftan angethan, würdevoll langsamen Schrittes seines Wegs; an ihm vorbei sprengt auf einem Esel eine phantastische Gestalt, so ziemlich in allen Regenbogenfarben gekleidet. Lange weiße Hemden tragen die Neger, die da in einer Hausthür stehen; einer hat sich, als besonderen Schmuck, eine bunte Schärpe darum gewunden. Dort am Brunnen stehen schwatzende Weiber, die ihre Schöpfgefäße tief herabsenken, vielleicht ganz in derselben Weise, als es vor tausenden von Jahren in biblischen Zeiten die Frauen thaten. Dort wieder eine andere ganz absonderliche Gruppe; man scheint einen hauptsächlich aus Pantominen bestehenden Tanz aufzuführen. Ueberall, wohin das Auge blickte, ein anderes Bild! Ich mußte mir an den Kopf fassen, träumte ich oder wachte ich? Das war doch eine ganz andere Welt, als diejenige, in der ich bis jetzt lebte. War ich denn in einen ganz tollen Carneval gerathen, wo niemand seine wahre Gestalt zeigte, oder hatte mich ein neckischer Spukgeist mit seinem Zauberstab berührt, daß ich, meiner fünf Sinne nicht mehr Herr, die Gebilde einer abenteuerlichen Phantasie als verkörperte Wirklichkeit vor mir sah? Nun waren wir auch gerade zum großen Beiramfeste eingetroffen, wo sich der Muhamedaner für vierwöchentliches Fasten — denn während der ganzen Dauer des Ramadan darf er, so lange die Sonne am Himmel steht, weder Speise noch Trank zu sich nehmen — durch alle möglichen Genüsse entschädigt und durch besonders festliche Gewänder seiner Freude und seiner Festtagsstimmung Ausdruck giebt. Es war gut, daß unser Gang durch die Stadt bald im Missions=Krankenhause endete, wo man bei etwas leiblicher Stärkung sich wieder etwas sammeln konnte nach all' den sinnverwirrenden Eindrücken. Schwester Henriette berichtete uns darüber, wie die Verhältnisse lagen und versuchten wir nun unsere Situation und die uns obliegenden Pflichten einigermaßen klar zu überschauen. Später, wenn sich irgend etwas ganz anders gestaltete, als man erwartet hatte — und das war in Afrika sehr oft der Fall - hörte ich häufig von meinen Landsleuten die Worte recitiren: „Erstens kommt es anders, zweitens als man denkt." Das paßte nun gleich bei unserer Ankunft im dunklen Welttheile auf uns. Schwester Asta, die als Oberin ein für die Wißmanntruppe bestimmtes Kriegslazareth übernehmen sollte, erwartete nach den in Berlin erhaltenen Informationen dasselbe bereits vollständig eingerichtet vorzufinden. Zwei Schwestern, welche schon früher herausgegangen waren und bereits mit Sprache und Verhältnissen im fremden Lande Bescheid wußten, sollten ihr hülfreich zur Seite stehen. Nun waren aber die beiden Schwestern kurz vor unserer Ankunft nach der Küste berufen worden, wo auch die Lazaretheinrichtung gebraucht wurde. Somit standen Schwester Asta nichts weiter als die leeren Wände eines gemietheten Hauses zur Verfügung. Für mich hatte man die von Berlin herausgeschickte Baracke bestimmt, und glaubte ich dieselbe auch bereits auf dem platten Dache des Missions-Krankenhauses, wo sie ihren Platz haben sollte, fertig aufgestellt zu finden, um gleich meine Thätigkeit darin entfalten zu können. Das war aber auch nur eine schöne Chimäre; die einzelnen Stücke der Baracke lagen noch auf dem Zollamte und in dem Lande, wo Alles nach dem Lieblingsausspruch der Neger pole pole (hübsch langsam) geht, war zu erwarten, daß sie zunächst auch noch einige Zeit da liegen bleiben würden. In Berlin konnte man wohl Combinationen machen, aber es war nicht gerade verwunderlich, daß dann im fernen Afrika und noch dazu in Kriegszeiten, wo jeder Tag etwas Anderes brachte, nicht Alles stimmte. Vor Allem hatten wir nun den Wunsch das als Lazareth gemiethete Haus in Augenschein zu nehmen. „Für sansibarische Verhältnisse ist es sehr schön", sagte Schwester Henriette und so durchschritten wir erwartungsvoll mehrere Straßen, um dann etwas erschrocken den großen steinernen Kasten anzustarren, welcher die Bestimmung hatte künftig als Hospital zu dienen. Wir Aermsten, wir hatten ja keine Ahnung gehabt von der Bedeutung der Worte: „Für sansibarische Verhältnisse"; der Begriff „schön" ist eben relativ. In etwas deprimirter Stimmung erstiegen wir die unbequeme rohe steinerne Treppe, die von einem Hofraum aus von außen in das Haus führte. Die weiß getünchten kahlen Wände der Zimmer, der steinerne Fußboden, die Thüren ohne Schlösser, das war Alles nicht gerade anheimelnd; das beste war der herrliche weite Blick über Stadt und Meer von den Zimmern der oberen Etage aus. Als wir uns zur Nacht in unserer Behausung einrichteten, wobei wir die Thüre künstlich verrammelten, forderte die Primitivität unseres Schlafgemachs geradezu unseren Humor heraus. Aber für den von europäischer Cultur allzusehr beleckten Menschen hat es doch auch sein Gutes einsehen zu lernen, daß der Mensch unter Umständen recht wenig bedarf. Wir waren glücklich jedes eine Kitana (einfachste Art einer Bettstelle) und einen Stuhl zu besitzen; auch ein kleiner Tisch und ein Waschbecken war vorhanden, denn Schwester Henriette hatte freundlichst für das Nöthigste gesorgt. Besaß doch Diogenes, in seiner Tonne wohnend, noch weniger und beneidete keinen König der Welt! Mich solch' historischen Reminiscenzen hingebend, philosophirte ich mich über die Härte meines Lagers hinweg und am anderen Morgen erwachten wir hinreichend gestärkt, um zu allen Thaten bereit zu sein. Was nun beginnen? In solchen Fällen der Unentschlossenheit hielt man in Afrika einen Schauri — das ist eine Berathschlagung — und zu einem solchen vereinigten wir uns mit den beiden Schwestern im anderen Hospital. Nachdem Alles in Erwägung gezogen war, wurde Schwester Amaliens freundliches Anerbieten in den ersten Tagen wenigstens, wo die nöthigsten Einkäufe besorgt und das Dienstpersonal gemiethet werden mußte, Schwester Asta helfend zur Seite zu stehen, dankbar angenommen. Unsere mühsam erworbenen Sprachkenntnisse in Suahili stellten sich nämlich in der

Praxis zunächst als recht zweifelhaft heraus. Den schönsten grammatikalischen Redewendungen wurde gerade von Seiten der Eingeborenen gewöhnlich mit einem verwunderten Kopfschütteln begegnet und statt Verständniß oft Mißverständniß erzeugt. Schwester Amalie hatte sich nun, nach längerem Aufenthalte im Lande, eine ganz außerordentliche Routine im Verkehr mit den Negern angeeignet. Wenn sich einmal nicht gleich das richtige Suahiliwort einstellen wollte, so half eine passende Pantomime über den Mangel hinweg, oder auch deutsche Worte, besonders wenn es mit richtiger Betonung hervorgestoßene Scheltworte waren, wurden von den Taugenichtsen meistens ganz gut verstanden. Ich vertrat nun Schwester Amalie vorläufig im alten Hospital. Das Haus war mit Kranken gefüllt, die in der Mehrzahl am Malaria-Fieber litten. Mein innigstes Mitleid erregte ein fast zum Skelett abgemagerter junger Matrose, er hatte so schwer am Typhus darnieder gelegen, daß sein Aufkommen lange Zeit zweifelhaft erschien und noch jetzt war er so schwach, daß er nicht allein essen konnte, sondern gefüttert werden mußte, welchen Liebesdienst ich ihm gern erwies. Er freute sich so sehr, daß seine Heimathstadt Hannover lange Zeit auch mein Wohnort gewesen war, und sein mattes Auge leuchtete auf wenn er von der geliebten Heimath sprach, wo ihm die Erinnerung Alles in vergoldendem Lichte erscheinen ließ. Bald fand ich auch Gelegenheit meine Kräfte in einer Nachtwache zu erproben. Es war mir immer besonders leicht geworden den Schlaf zeitweise zu entbehren; aber hier, unter der erschlaffenden Wirkung des Tropenklimas mußte ich immerhin einige Willenskraft aufbieten, um mich nicht vom Schlummer übermannen zu lassen. Uebrigens sorgten auch die Moskitos dafür, daß man sich nicht solcher Schwäche hingab. Ich hatte wohl früher schon in Italien die Bekanntschaft dieser abscheulichen kleinen Blutsauger gemacht, aber in ihrer ganzen Bosheit und Tücke lernte ich sie doch erst hier kennen. Man tröstete mich damit, daß sie vorzugsweise das gesunde frische Blut der eben aus Europa Gekommenen liebten; nach einiger Zeit, sagte man mir, wird ihnen das Blut zu schlecht, dann hat man nur wenig von ihren Stichen zu leiden. Ich habe diese tröstreiche Verheißung auch wirklich später als bewahrheitet gefunden. — Das Missions-Krankenhaus hatte mich gleich von Anfang an durch seine schöne und freie Lage am Ausgang der Stadt auf das Angenehmste überrascht. Das Haus sah zwar recht bescheiden aus und entsprach auch im Innern keineswegs den Anforderungen, welche man jetzt an ein gut eingerichtetes Krankenhaus stellt; aber es hatte etwas Anheimelndes mit dem netten kleinen Garten, von welchem die grünumrankte Treppe offen am Hause in die Höhe führte. Von jedem Zimmer genoß man, zum Fenster hinausblickend, ein anderes hübsches Bild, und die Aussicht von der großen lustigen Halle oben, wo der Blick über Stadt und Meer hinweg in die unendliche blaue Ferne schweifte, war geradezu überwältigend großartig und schön. Wie oft habe ich in anbetender Bewunderung versunken dort gestanden, wenn im Strahle der Abendsonne Alles aufflammte, in purpurner Gluth, Himmel und Meer einer feurigen Lohe vergleichbar. Welcher Pinsel könnte solche Farbenpracht wiedergeben, welche Worte sie beschreiben! In tiefinnerster Seele bewegt, verstummt man vor solch' hehrem Schauspiel der Natur. Wunderschön aber kurz ist die Dämmerung, schnell verglüht das Abendroth und die Schleier der Nacht breiten sich über die Erde. Wenn nun der Himmel seine blitzenden Lichter anzündet, da flackern auch unten in der Stadt lustige Feuer auf. Da kocht der Neger seinen Reis, bratet Fische oder röstet Bananen, wenn er sich gerade den Luxus solcher Leckerbissen gestatten darf. Dann kann man bei den Klängen der Ngoma sich noch bis in die späte Nacht hinein das lustige Völkchen im Tanze wiegen sehen. Unter diesem Tanzen muß man sich aber etwas ganz anderes denken, als was wir unter diesem Begriffe verstehen. Bei den Negern besteht es besonders in einem Hin- und Herwiegen, Vor- und Rückwärtsbeugen des Körpers, welche Bewegungen von lebhaften Pantomimen begleitet werden. Ein wenig wurde ich dabei an die Tarantalla der Italiener erinnert, nur daß die hübschen Capreserinnen, von denen ich diesen beliebten Nationaltanz öfter aufführen sah, eine ganz andere Grazie entwickelten als die schwarzen Schönen, deren Reize ein europäisches Auge wohl schwer zu würdigen vermag. Auch der eintönige Gesang, von dem der Tanz begleitet wird, kann kaum Wohlgefallen erwecken und kommt noch das fürchterliche Getrommel auf der Ngoma hinzu, so wird es genug des barbarischen Ohrenschmauses, um uns möglichst schnell wieder aus der Hörweite zu entfernen, wenn uns die Neugierde etwa angelockt hat. Uebrigens, wenn die Worte: „Wo man singt da laß' Dich ruhig nieder, böse Menschen haben keine Lieder" Wahrheit enthalten, so kann man nirgends so sorglos wie hier in Afrika das Haupt zur Ruhe niederlegen und die müden Augen schließen, denn gesungen wird immerzu, beim Tanz und bei der Arbeit, von früh bis spät, von Jung und Alt. Unter Singen brachten die Hamalis (Lastträger) die einzelnen schweren Stücke der Baracke in das Hospital. Drüben, vom Nachbarhause her, wo von einer ganzen Schaar Neger der Cement auf dem platten Dache festgetreten wurde, ertönte derselbe eintönige Singsang; nach der Angabe eines dazu besonders gemietheten Vorsängers wird im Tacte gestampft und gesungen. Warum nur der Gesang der Neger stets so einförmig und melancholisch klingt? habe ich mich öfter gefragt. In Büchern bin ich schon der Ansicht begegnet, daß das arme unterdrückte und geknechtete Volk damit seinen schwermüthigen Gefühlen Ausdruck verleihen will. Sieht man aber nun diese heiteren Kinder der Natur, die, auch wenn sie Sklaven sind, sich so sorglos und lustig ihres Daseins freuen, als ob noch nie ein dunkles Wölkchen an ihrem Lebenshorizonte heraufgezogen wäre, so kann man sich unmöglich dieser Ansicht anschließen.

Der Grund liegt wohl mehr darin, daß, um einer fröhlichen Stimmung den entsprechenden musikalischen Ausdruck zu geben, schon ein cultivirterer musikalischer Sinn nöthig ist, als ihn die rohen Naturvölker besitzen; zu einem Strauß'schen Walzer reicht eben das Compositionstalent nicht aus. Aber zum Dichten und Singen fühlen sie einen unwiderstehlichen Drang. Jedes kleine Ereigniß des Tages wird in einem Verschen besungen und so kindlich wie der Text, so kindlich ist auch die Melodie. Als ich einst eine, an einer Waschmaschine beschäftigte Negerin mit unermüdlicher Ausdauer ihr selbstkomponiertes Verschen singen hörte, bemühte ich mich, den tiefen Sinn der Dichtung zu erfassen; er lautete ungefähr so: „Ich hab' meinem Kinde heute Essen gebracht, da hat mein Kind sich gefreut und gelacht." Daß erwachsene Menschen an solch' kindischem Singsang Vergnügen finden, ist uns gewiß schwer verständlich, aber diese unglaubliche Anspruchslosigkeit in Betreff geistiger wie materieller Genüsse hat doch auch geradezu etwas Rührendes. Um die Lösung des Welträthsels zerbricht man sich hier nicht den Kopf und der Kampf ums Dasein existirt auch nicht in diesem gottbegnadeten Lande, wo der fruchtbare Boden auch ohne viel Cultur Alles hervorbringt, was der genügsame Eingeborene zu seines Leibes Nahrung und Nothdurft bedarf. Thut man nun recht, ihm die Geistesfackel anzuzünden, die zu der Erkenntniß führt, daß es noch hunderttausend Dinge giebt, welche der gebildete Mensch für durchaus wünschens- und begehrenswerth hält? Wird er glücklicher sein im Besitze höherer Cultur und als Bekenner der christlichen Religion? Solche Gedanken können einem wohl nahe treten, wenn man das sorglose Dasein dieser zufriedenen Naturkinder mit dem ruhe- und rastlosen Treiben der Menschen in unserem christlichen Culturstaate vergleicht. Aber ist denn der Mensch dazu bestimmt dem Thiere gleich dahin zu vegetiren? Mit Schrecken sah ich einst den Ausbruch wahrhaft thierischer Rohheit, als mehrere Neger einen sterbenden Kameraden umstanden und die Zuckungen des Todeskampfes nur Lachen und Scherzworte bei ihnen hervorriefen. Da tauchte der innige Wunsch, zum inbrünstigen Gebet werdend, unwillkürlich auf: Möchte die Religion der Liebe bald überall im dunklen Welttheile verbreitet sein und die schönen Worte Christi: „Liebe deinen Nächsten als dich selbst", auch im Herzen der Neger Eingang gefunden haben. Aeußerlich ist der Suahili= Neger Muhamedaner; viel dabei denken thut er sich wahrscheinlich nicht, wenn er die Gebräuche des Islam mitmacht, denn alle tiefen religiösen Gefühle liegen dem oberflächlichen Sinn fern. Am eingewurzeltsten ist wohl der Glaube an böse Geister, gegen die man sich durch Amulette zu schützen sucht und die man wohl auch gelegentlich austreibt und ausräuchert, wenn sie es gar zu toll treiben und von einer Person Besitz ergreifen, denn bei krampfartigen Zuständen hat man gleich den Verdacht, daß Geister dahinterstecken. Das Wort „Inschallah" (wie Gott will) wird mit Vorliebe gebraucht, leistet es doch der natürlichen Trägheit so gut Vorschub. Die vielen Häuserruinen in Sansibar sind wohl auch weniger der Armuth wie dem Fatalismus der Bevölkerung zuzuschreiben. Warum auch ein Haus renoviren, wenn es baufällig ist? stürzt es ein, nun dann war es eben Allahs Wille. Ermahnt man Jemanden eine Arbeit gut zu besorgen, sagt man vielleicht zum Koch: „Werde ich mich darauf verlassen können, daß Du das Mittagessen heut gut zubereitest?" so kommt es vor, daß man die Antwort erhält: „Inschallah!" Die Gebote des Koran werden vom echten Muhamedaner mit Genauigkeit befolgt und fünfmal des Tages, wenn in feierlicher Einförmigkeit die Stimme des Muezzin's — des Gebetsausrufers erschallt, kann man den frommen Muslim zur Moschee eilen sehen, oder er beugt wohl auch, un= bekümmert um die Umgebung, da wo er gerade geht und steht sein Haupt in den Staub vor dem Herrn des Weltalls und verrichtet gewissenhaft die ihm vorgeschriebenen Gebets= übungen. Er kniet nieder, das Antlitz ostwärts, der Richtung nach Mekka zugewendet. Als Zeichen tiefster Ergebung berührt er mit dem Kopf den Erdboden, richtet sich wieder auf und blickt nach beiden Seiten — nach den beiden Schutzgeistern — dann nach oben, um den Segen Allahs zu empfangen. Dazu murmelt er Gebete und hält sich mit den Daumen die Ohren zu, um vollständig abgeschlossen zu sein von der Welt, während er in seine Andacht versenkt ist.

Eine Fülle von neuen Eindrücken stürmte in der ersten Zeit meines Aufenthaltes in Sansibar auf mich ein. Genügte doch ein Blick auf die Straße um Ungewohntes und Ueberraschendes zu sehen, was die Phantasie beschäftigte. Aber nur so nebenbei konnte man seine Wißbegierde befriedigen und ein bischen Land- und Völkerkunde studiren; zum müßigen Beobachten und Träumen waren wir ja nicht herausgeschickt worden. Da an eine Fertigstellung der Baracke und Benutzung derselben zunächst noch nicht zu denken war, denn es stellte sich heraus, daß mancherlei davon fehlte, so siedelte ich nach einigen Tagen wieder zu Schwester Asta in's neue Hospital über, wo es mit der Einrichtung noch viel zu thun gab. Die aus Berlin angekündigten Sachen, die der Berechnung nach schon längst hätten da sein müssen, trafen nicht ein. Es hieß, sie wären irgendwo aus Versehen an einem Küstenplatz abgeladen worden, aber alle Nachforschungen blieben erfolglos und so mußte nolens volens wenigstens das Nöthigste beschafft werden, da uns schon Kranke angemeldet wurden, die vorläufig im französischen Hospital untergebracht waren. Bruder Schönfelder, der mit uns zu gleicher Zeit als Krankenpfleger herausgegangen war, sich aber auch auf Tischlerei verstand, fand nun gleich Gelegenheit seine Handwerkskünste zu verwenden. Mit Geschick und Fleiß hatte er bald aus alten Kisten alle möglichen nützlichen Gegenstände, wie Tische, Schränkchen, Kleiderhalter und dergleichen zurecht gezimmert. Wir bekleideten das rohe Material mit einem billigen rothen Stoff, die Fußböden wurden mit Matten belegt und für die kahlen Wände fanden sich auch bescheidene Verzierungen: ein paar Fächer oder bunte Fähnchen, die den hausirenden Indiern abgekauft wurden, belebten etwas die eintönige weiße Fläche. Schwester Asta traf mit praktischem Sinn und Geschmack stets das Richtige, wo ich vielleicht rathlos gewesen wäre. So hatte das Haus nach und nach einen ziemlich wohnlichen Anstrich erhalten; ich hatte mich auch schon längst damit ausgesöhnt und erschien mir die arabische Bauart durchaus zweckmäßig in dem Tropenklima. Die Zimmer des ersten und zweiten Stocks mündeten alle auf eine offene Gallerie, die einen kleinen Hofraum einschloß, in welchen kaum ein Sonnenstrahl eindringen konnte. Die Fenster der Zimmer gingen auf die Straße und da man stets Alles aufließ, Fenster sowohl wie Thüren, so wehte fast fortwährend ein frischer Luftzug durch das Haus. Wir standen jetzt, wo der Südwestmonsun wehte und die große Regenzeit, welche im April und Mai stattfindet, vorüber war, in der besten Jahreszeit. Die Monate Juni, Juli und August sind die angenehmsten für den Europäer; die Durchschnittstemperatur beträgt dann ungefähr 22° R. Bei einem größeren Spaziergange, den wir am ersten Pfingstfeiertag unternahmen, hatte ich Gelegenheit die Tropennatur mit ihren bestrickenden Reizen kennen zu lernen. Welch' eine Ueppigkeit und Fülle der Pflanzenwelt! Gewächse, die wir zu Hause in Treibhäusern sorgsam hegen und pflegen und die trotzdem oft nur ein verkümmertes Dasein fristen, sah ich hier in freier Natur in üppigster Pracht sich entfalten. Von den schlanken Kokospalmen, die ihre reizenden Fächerkronen in den Lüften wiegten, hoben sich im scharfen Gegensatze ganz herrlich die dunklen schattenspendenden Mangobäume ab, zwischen deren dichten Laub man kaum das Astwerk erkennen konnte. Eine ordnungsliebende deutsche Hausfrau that einst den mißbilligenden Ausspruch über Italien, daß die Natur dort zu unordentlich wäre. Daran mußte ich unwillkürlich denken, denn langweilige Regelmäßigkeit sah man hier nirgends. Kerzengerade ragte die eine Kokospalme in die Lüfte, während eine andere daneben in graziöser Windung emporstrebte und eine dritte sich erst noch einmal tief zur heimathlichen Erde neigte, bevor sie der himmelanstrebenden Neigung der Gefährten folgte. Lianen mannigfaltigster Art umklammerten ein phantastisches Wurzelgewirr und umfaßten in innigster Umarmung die emporstrebenden Stämme. Etwas konnte man wohl vermissen. Die gefiederten Sänger des deutschen Waldes. Nur das Rauschen des Laubes, wenn eine Brise vom Meere her darüber hinweg strich, aber kein Vogelgesang belebte die Einsamkeit. Unser Ziel, dem wir, um etwas von den Schönheiten der Insel kennen zu lernen, auf Umwegen zustrebten, war ein in der Nähe des Meeres gelegene Stalaktitengrotte. Durch dichtes Buschwerk führte das letzte Stück Weg, aber es war der Mühe werth sich hindurch zu arbeiten, denn als die Lichtung erreicht war standen wir in staunender Ueberraschung vor dem merkwürdigsten Naturgebilde, das ich je gesehen. Mit wahrhaft bildnerischer Kraft hatten die Naturgewalten hier ihr Zerstörungswerk an dem Korallenstein geübt und ganz phantastische, menschenähnliche Gebilde geformt; es sah ordentlich spukhaft unheimlich aus. Wenn hier statt des hellen Sonnenlichtes der Mond mit bleichem Schein in die Grotte fiel und die Phantasie mit märchenhaftem Zauber umstrickte, da konnte man wohl glauben vor einer Versammlung von Gespenstern zu stehen. So ein Spaziergang, den wir uns gönnten, so oft es die Zeit erlaubte, war erfrischend für Körper und Geist; man athmete auf in Gottes freier Natur nach mancherlei häuslichen Mühen und Plagen. Das Haus war bald soweit eingerichtet, daß Kranke aufgenommen werden konnten und wenn es uns nun auch eine herzliche Freude war, für die kranken Landsleute nach besten Kräften zu sorgen, so stellte sich doch das Wirthschaften mit dem unzuverlässigen Negervolk als eine

Aufgabe heraus, vor der unsere Kräfte manchmal zu erlahmen drohten. Eine grenzenlose Geduld war nöthig diesen großen Kindern gegenüber, die wohl nach Kinderweise einmal etwas mit Feuereifer und Gelehrigkeit erfaßten, auf deren Zuverläßigkeit man aber niemals rechnen konnte. Ordnung und Reinlichkeit waren ihnen schwer beizubringende Begriffe und Pünktlichkeit nun erst, diese Tugend ihnen anzuerziehen, das schien ein fast verzweifeltes Unternehmen. Die Zeit hat ja von frühester Jugend her keine Rolle gespielt im Leben des Negers. Ein Tag verstreicht ihm wie der andere, ein Jahr wie das darauffolgende. Die Sonne geht fast genau zur selben Zeit das ganze Jahr hindurch auf und unter, ein Wechsel in den Jahreszeiten findet auch kaum statt, es herrscht ewiger Sommer. So leben nun in dem ewigen Einerlei die sorglosen Menschenkinder in den Tag hinein, ohne irgend einen Anhalt zu haben, an dem sie ihr Alter berechnen. „Allah alimu!" (Gott weiß es am besten) kann man zur Antwort bekommen wenn man den Orientalen nach seinem Alter fragt. Unsere schwarze Dienerschaar schien uns nun auch beweisen zu wollen, daß sie über den Begriff „Zeit" hoch erhoben sei. Das Wort „pole pole" war entschieden Aller Lieblings=Wahlspruch. Je nöthiger man etwas brauchte, mit um so langsameren gemessenen Schritten geruhten sie sich gewöhnlich die Treppe heraufzubewegen und dieselbe mußte sehr oft erstiegen werden, da die Küche im Souterrain lag und die Krankenzimmer sich im ersten und zweiten Stock befanden. Was blieb uns nun anderes übrig als selbst treppauf und treppab zu laufen; das schien mir oft eine leichtere Aufgabe wie das fortwährende Schelten, zu dem ich von Natur nicht all zu viel Talent besitze und den richtigen Ton mit den Leuten zu finden, nicht zu streng und auch nicht zu nachsichtig zu sein, das war eine Kunst die erst erlernt werden mußte und durch mangelhafte Sprach=
kenntnisse erschwert wurde. Wir hatten sechs dienstbare Geister zur Verfügung. Das war nicht zu viel unter

obwaltenden Verhältnissen, da das Tropenklima und auch die natürliche angeborene Faulheit dem Neger jede anhaltende Thätigkeit verbietet und darum die Arbeit vertheilt werden muß. Für das Reinmachen der Zimmer und Serviren bei Tische waren die beiden boy's Emu und Robert bestimmt. Letzterer, der seinen Namen — ich weiß nicht aus welchem Grunde mit elegantem französischen Accent und der Betonung auf der letzten Silbe aussprach — war ein ganz intelligenter Mensch, dem es nicht an schneller Auffassungsgabe, aber leider um so mehr an gutem Willen fehlte. Die Straße mit ihren mannigfachen Reizen hatte für diesen Windbeutel entschieden mehr Anziehungskraft wie die häusliche Arbeit. Wenn man fragte: „Wo ist Robert?" erhielt man gewöhnlich zur Antwort: „Ha hugo" (er ist nicht da) und nach dem Sprüchwort, daß böses Beispiel gute Sitten verdirbt, wurde es auch bald die Gewohnheit der andern boys „ha hugo" zu sein, wenn man sie am nöthigsten brauchte. Emu war im Ganzen ein guter treuer Mensch, der zuverlässigste von allen; aber er hatte seine schwermüthigen Tage, wo er geradezu wie umgetauscht, traumwandelnd umherschlich und ließ sich in solch einer Zeit nichts mit ihm anfangen. Was da sein Inneres bewegen mochte, ist mir stets räthselhaft geblieben, da dem Charakter des Negers weltschmerzliche Stimmungen doch sonst sehr fern liegen. Kisundi, ein Junge von ungefähr 14 Jahren, war so ein boy für Alles, der überall, wo es gerade fehlte, ein wenig aushelfen sollte. Das Aufwaschen des Geschirres war sein spezielles Amt, dem er sich aber nicht ganz gewachsen zeigte, denn seine Behandlung des Porzellans verrieth wenig konservativen Sinn und mußte er deshalb auch bald als unbrauchbar entlassen werden. An seine Stelle trat dann Mabruki, der seines Amtes mit etwas mehr Sorgsamkeit waltete. Als Hüter des Hauses war ein Ascari (Soldat) angestellt; derselbe füllte seinen Posten ganz gut aus und gab keine Veranlassung zur Klage. Nun ist noch eine sehr wichtige Persönlichkeit zu nennen, in deren schwarzen Händen zum Theil das Wohl und Wehe des Hauses ruhte: das war der Mpishi (Koch).

Nach den im andern Hospital gewonnenen Erfahrungen während meiner kurzen Bekanntschaft mit dem Küchenchef schien es mir, als ob wir in dem unserigen die Aquisition einer wahren Perle gemacht hätten. Während der dortige Kochkünstler es höchst ungnädig aufnahm, wenn man in sein Reich eindrang und sich vielleicht erlaubte, eine eigene Meinung über die Zubereitung der culinarischen Genüsse zu haben, war unser Mpishi ganz Dienstfertigkeit und Ergebenheit unsern Wünschen gegenüber, verstand auch sein Fach durchaus nicht schlecht. Nun hat sich aber der Werth dieser Perle sehr bald als ein höchst zweifelhafter, sogar recht gefährlicher herausgestellt; ich war mit meiner Menschenkenntnis in diesem Falle gründlich in die Brüche gegangen. Der Koch, obwohl er selbst nur Sklave war und uns von seinem Herrn, einem Araber, vermiethet wurde, hätte es für unter seiner Würde gehalten, das Fleisch vom Markte selbst nach Hause zu tragen; das besorgte der kleine Küchenjunge, Mtoto (Kind) genannt, dem auch die gröbsten Arbeiten der Küche oblagen. Unser Mtoto war eigentlich ein ganz allerliebstes, höchst possirliches kleines Kerlchen, dessen natürliche Lebenslust sich in einem fortwährenden Hüpfen, Springen und Tänzeln Luft machte. Zum Uebermuth war er freilich auch sehr geneigt und mußte man sich zusammennehmen, nicht über seine dummen Streiche zu lachen, da er dann leicht den Respekt verlor.

Zuerst kam es mir ganz seltsam vor, von den dunklen Gestalten umgeben zu sein; aber die Macht der Gewohnheit übt schnell ihr Recht, bald waren mir die farbigen Gestalten ebenso vertraut wie die weißen, und während mir die Leute zuerst, was Charakter sowie Aeußeres betraf, merkwürdig ähnlich erschienen, so daß ich mich nur schwer in die verschiedenen Persönlichkeiten hineinfinden konnte, wurde mir

nach einiger Zeit bewußt, daß sich auch hier eine jede Individuali=
tät scharf von der andern absondert. Das Gesicht erweist
sich eben überall für die, welche darin zu lesen verstehen,
als Seelenspiegel, und vielleicht hier noch mehr als bei uns,
wo der Selbstbeherrschung übende Kulturmensch oft durch
Rede und Geberde so gut seine Gedanken zu verbergen weiß.

Wenn ich von den Schwarzen in meiner Umgebung
spreche, so thue ich es gewohnheitsgemäß, weil man die
Neger im Allgemeinen so bezeichnet. Die Bewohner San=
sibars und der gegenüberliegenden Küste, die sich Wasuahili
nennen — die Vorsilbe „wa" drückt bei Personen die Mehr=
zahl aus — sind aber nicht schwarz, sondern braun, und
sieht man diese Farbe in den verschiedensten Schattirungen
vertreten. Man hat auch wohl hier eine Mischrasse, aus
allen möglichen Elementen zusammengesetzt, vor sich, und
muß den echten Negertypus mehr im Innern des Kontinents
suchen. In den Karawanenzügen, welche nach Bagamoyo
kamen, sah ich oft pechschwarze Gestalten. Das Kisuahili
zu erlernen, schien mir zuerst eine ziemlich schwere Aufgabe,
denn ich fand keinen Anhalt an irgend einer anderen mir
bekannten Sprache; alle Regeln sind hier anders. Eine be=
sondere Eigentümlichkeit besteht darin, daß die Wortverände=
rungen nicht durch End=, sondern durch Vorsilben gebildet
werden, und da die Eigenschafts= und Zahlwörter immer die
Vorsilbe des Hauptwortes annehmen, so wird man ein wenig
durch die fortwährende Wiederholung der ersten Silben an
die Alliteration der altdeutschen Gedichte erinnert Die vielen
helltönenden Vokale machen die Sprache wohlklingend wie
die italienische und spanische, mit denen sie sonst in ihrer
Wörterarmuth nicht zu vergleichen ist. Alle die unzähligen
kleinen Binde= und Flickwörter, die uns unentbehrlich er=
scheinen, fehlen ganz; für einen wortkargen Menschen muß
das Kisuahili geradezu das Ideal einer Sprache sein. Wie
viel kürzer könnten sich nicht in manchen Versammlungen
die Reden gestalten, wenn sie in diesem Idiom gehalten

würden. Wie eindrucksvoll ist doch das eine kurze Wörtchen „bass". Wird es dem Andern zugeschleudert womöglich mit der gehörigen Betonung, so weiß der Gegner sofort, daß man die Sache als durchaus vollendet, abgeschlossen betrachtet, daß man absolut nichts mehr davon hören will. — Daß ich gleich in alle Finessen der Sprache eingedrungen wäre und tiefsinnige Unterredungen darin hätte führen können, dies zu behaupten, würde eine allzugroße Kühnheit sein; aber was die Oberfläche berührte, für die Dinge, die in Küche und Haus täglich gebraucht wurden, eignete man sich im täglichen Verkehr mit den Eingebornen bald die richtigen Ausdrücke an. Eine besondere Uebung erlangte man im Aussprechen des Wortes „upesi" (schnell), denn dieser Ermahnungsausruf war unserem trägen Dienstpersonal gegenüber, das gegen jede rasche Bewegung oder Handlung eine unüberwindliche Abneigung zu empfinden schien, immer wieder nöthig. Trotzdem kam der Haushalt einigermaßen in das richtige Geleise. Die für das Hospital bestimmten, sehnsüchtig erwarteten Sachen trafen nach und nach ein; doch es fehlte immer noch mancherlei, und unvergeßlich wird mir der Tag bleiben, wo gleich auf einmal, als wir schon 9 Kranke im Hause hatten, noch 8 Mann von der Wißmanntruppe bei uns einquartirt wurden. Die Leute waren nicht krank, nur etwas angegriffen von den überstandenen Strapazen, so daß sie besonders guter Verpflegung bedurften. Unser Mpishi hatte aber wenig Sympathie für die braven deutschen Krieger, und war in keiner Weise geneigt, ihrem gesunden Appetit in befriedigender Weise Rechnung zu tragen. Mit großer Unverschämtheit erklärte er, so viel wie wir von ihm zu kochen verlangten, könne kein Mensch essen. Da wir unsere Schutzbefohlenen natürlich nicht unter dem Eigensinn des Kochs wollten leiden lassen, so verlangten wir energisch von Letzterem die Erfüllung seiner Pflicht. Einer unserer rekonvaleszenten Patienten machte, in der freundlichen Absicht uns zu Hülfe zu kommen, den Versuch, ihm den Kopf zurechtzusetzen, und da erlebten wir eine furchtbare Scene. Der Koch, der wohl seiner Sinne nicht recht mächtig war — wahrscheinlich hatte er ein Glas zu viel getrunken — zog plötzlich ein Messer, mit dem er wüthend um sich herumhieb. Die andern Schwarzen wollten unsere Partei nehmen; jeder ergriff kampfbereit irgend einen ihm naheliegenden Gegenstand, und mit Flaschen, Messern und Gabeln würden sie sich auf den Koch gestürzt haben, wenn wir sie nicht zurückgehalten hätten; es kostete Mühe, denselben nun wieder vor der Wuth seiner Kameraden zu schützen. Endlich gelang es, den gefährlichen Unruhestifter zum Hause herauszubefördern und später hat er denn auch seine Strafe erhalten. So eine kleine aufregende Scene kam ab und zu vor, man war eben in Afrika und unter Halbwilden! Da sich jeder kranke Offizier ein oder zwei boys mitbrachte und auch im Gefolge der Unteroffiziere oft solch ein schwarzer dienstbarer Geist mit einzog, so ging es natürlich recht bunt im Hause zu. Im Ganzen vertragen sich die Neger — ich muß ihnen nach meiner Erfahrung dies Lob spenden — nicht schlecht, aber wo so viele verschiedene Elemente vereinigt waren, konnte „holder Frieden, süße Eintracht" kaum immer gewahrt bleiben. Eines Abends, als wir auf der Gallerie saßen, hörten wir ein fürchterliches Geschrei; erschrocken blickten wir in den Hof herab und sahen Mobruki im handgreiflichen Streit mit einem der fremden boys: dieser hielt sogar ein Messer in der Hand, mit welchem er wüthend nach seinem Gegner stach, dessen Blut bereits floß. Es war die höchste Zeit für uns, zu interveniren, doch ohne einige Mühe ließ sich der Frieden nicht herstellen. Mobruki's Wunde stellte sich zum Glück als nicht gefährlich heraus; trotzdem wurde der Messerheld zu allgemeiner Genugthuung an die Luft gesetzt und ihm bedeutet, das Haus nicht wieder zu betreten. Aber siehe da! bereits nach einer Stunde hatten ihn unsere boys wieder hereingeholt, und zu unserer größten Verwunderung saßen die beiden vorher so erbitterten Feinde wieder im trauten Verein bei einander, als wäre gar nichts vorgefallen. Ein wahrhaft nachahmenswerthes Beispiel von Versöhnlichkeit!

Unruhig wie die Tage waren auch die Nächte, und der Ausdruck „Stille Nacht" paßt jedenfalls nicht für Sansibar. Im Gegentheil! Wenn das glänzende Tagesgestirn zum Meere herabgesunken ist, seine Herrschaft über das kleine Erdensternlein dem bleichen Bruder überlassend, da geht das Leben auf der Straße erst recht an.

Solche Mondscheinnacht in den Tropen, welche die Gegenstände kaum verdunkelt, sondern nur, wie von einem silbernen Schleier umhüllt, im mildverklärenden Lichte hervortreten läßt, hat in der That etwas Bezauberndes, und der Neger muß wohl von ihrer Poesie etwas empfinden, da er sich dann mit Vorliebe seinen geselligen Vergnügungen hingiebt. Der schon erwähnte Ngoma-Tanz, bei welchem er keine Ermattung kennt, wird dann mit unermüdlicher Lust oft die ganze Nacht hindurch fortgesetzt. Der nervöse, sich nach Ruhe und Schlaf sehnende Europäer findet aber wenig Vergnügen an diesem nächtlichen Ohrenschmaus, der ihm durch die wunderlichsten Musikinstrumente bereitet wird. Auch noch durch andere liebliche Töne wird die Stärke seiner Nerven zuweilen erprobt. In das Geheul der Schakale kann sich auch das Geheul von Klageweibern mischen, wenn sich gerade in einem Nachbarhause ein Todter befindet, denn die Sitte des Orients, die Abgeschiedenen durch eine besondere Todtenklage zu ehren, welche durch bezahlte Weiber ausgeführt wird, herrscht auch hier. Eines Tages war nun aber der Lärm so toll, ein so markerschütterndes, nicht endenwollendes Geschrei ertönte, daß ich auf Ungewöhnliches schließen mußte. Ich glaubte, ein Aufstand wäre vielleicht in der Stadt ausgebrochen. Am andern Tage erfuhr ich, daß ein Naturereigniß die Veranlassung zur nächtlichen Ruhestörung gab: Eine Mondfinsterniß hatte stattgefunden und die Neger machen sich natürlich ihre eigenen Gedanken über das ihnen unerklärliche Phänomen. Ihrem Glauben nach will eine Schlange den Mond verschlingen und da versuchen sie nun durch möglichst lautes Geschrei das böse Thier zu erschrecken, damit es von seinem unheilbringenden Vorhaben abläßt. Wendet ihnen der Mond dann wieder sein freundlichstrahlend Antlitz zu, so gehen sie mit dem stolzen Bewußtsein, eine große That vollbracht zu haben, nach Hause. Von drohender Gefahr ist der treue Trabant der Erde gerettet und dieselbe braucht auch künftig des lichtspendenden nächtlichen Begleiters nicht zu entbehren. Einmal schien es, als sollte wirklich ein Aufstand ausbrechen. Eine große Anzahl Araber stürzte, die Waffen schwingend, durch die Straßen, an unserm Hospital vorbei; es hieß, sie wollten den Sultan morden. „Sultani caputti!" — sagten unsere Leute — machten aber ein ziemlich gleichgültiges Gesicht zu dieser verhängnißvollen Prophezeiung; das Schicksal ihres Herrschers schien sie wenig zu berühren. Mit einiger Spannung sahen wir der Entwickelung der Dinge entgegen, hörten aber bald, daß den Aufrührern ihre verbrecherische Absicht nicht geglückt sei. Der Sultan war von seiner Leibgarde geschützt worden und die Attentäter hatte man entwaffnet und in Ketten gelegt. — Aber ich muß nochmals auf die inneren häuslichen Angelegenheiten zurückkommen. Als der gefährliche Koch, mit dem wir die schreckliche Scene erlebt hatten, glücklich zum Hause herausbefördert war, athmeten wir wohl erleichtert auf, aber wie nun Ersatz finden? Diese schwerwiegende Frage trat sogleich an uns heran. Wählerisch konnte man nicht sein, aus dem einfachen Grunde, weil keine Auswahl vorhanden war, und so wurde ein Kochkünstler gemiethet, dessen gutmüthig schläfriges Gesicht wohl auf einen friedlichen Charakter schließen ließ, indessen auch nicht allzu viel Intelligenz verrieth. Unsere Erwartungen waren also nicht hochgespannt, sollten aber doch noch sehr herabgemindert werden, denn die Dummheit und die Indolenz unseres neuen Mpishi überstieg in der That das erlaubte Maaß. Ich muß ein charakteristisches Beispiel erwähnen. Mit allen möglichen

Aufträgen war er eines Morgens auf den Markt geschickt worden. Mich hatten die Kranken ungewöhnlich lange in Anspruch genommen; endlich finde ich die Zeit, nach der Küche zu eilen, um mich zu überzeugen, ob Alles im Gang ist und wir ein gutes Mittagessen erwarten können. Was sah ich? Keine Spur von Feuer auf dem Herd. Der Koch sitzt, mit innigem Behagen sich seiner Lieblingsbeschäftigung, dem Nichtsthun, hingebend, mit untergeschlagenen Beinen auf der Erde — ihm zur Seite der kleine Küchenjunge in derselben Position — und, mich seelenvergnügt angrinsend, sagt er: „Hapana sokoni" (es gab nichts auf dem Markt). Ich war sprachlos, was sollte werden? In zwei Stunden war Essenszeit und 20 Menschen mußten versorgt werden — nun, dem Hungertode war das Hospital zum Glück noch nicht verfallen. Es gab ja gute Menschen in Deutschland, die mit hochherzigem Sinn, ihre Mildthätigkeit bis nach dem fernen Afrika ausdehnend, das Hospital mit Liebesgaben in Gestalt von Conserven aller Art versorgt hatten. Das war eine Rettung in der Noth. Nicht alle Liebesgaben, die wir erhielten, waren so praktisch gewählt. Mit in Deutschland jedenfalls sehr nützlichen wollenen Jäckchen und einem großen Packet weißer Strümpfchen wußten wir beim besten Willen nichts anzufangen, denn den kleinen Negern hätte man einen schlechten Dienst mit solchem Geschenk erwiesen. Schließlich fanden die Strümpfchen noch eine nützliche Verwendung als Kaffeesäcke, aber das hatte wohl schwerlich ihre ursprüngliche Bestimmung sein sollen. Das war damals wirklich eine recht mühselige und beschwerliche Zeit für uns. Auf den Koch konnten wir uns niemals verlassen, was blieb uns anderes übrig, als fortwährend selbst in der Küche zu stehen und in was für einer Küche! An die ganz primitive Kocheinrichtung konnte man sich wohl schon gewöhnen — erst später erhielten wir einen kleinen eisernen Kochherd — aber höchst unangenehm machte sich bei gänzlichem Mangel eines Schornsteins der Rauch für unsere Augen fühlbar. Die praktische Thätigkeit im Bereiche des wirthschaftlichen Gebietes gehörte also nicht gerade zu den Annehmlichkeiten des Lebens, aber man nahm dabei doch zu an Weisheit und Verstand, nämlich: was die Erziehung und richtige Behandlung der Schwarzen betraf, allerdings wurden dabei meine früheren philantropischen Ansichten gründlich über den Haufen geworfen. Die Arbeit des Kaffeebrennens war Mabruki zugewiesen und sollte er dieselbe immer gleich am frühen Morgen besorgen; eines Tages hatte er es versäumt und weigerte sich mit Entschiedenheit, die am Morgen unterlassene Arbeit Mittags nachzuholen, da es ihm für gewöhnlich gestattet war, um diese Zeit auf zwei Stunden fortzugehen. Auch von den andern Schwarzen war keiner zu bewegen, den Kaffee zu brennen, den ich ganz nöthig brauchte; sie pochten auf ihr Recht, daß die Mittagszeit eine freie für sie sei, und des Redens und Scheltens müde, wollte ich mich schließlich selbst an das Feuer stellen. Da kam mir ein plötzliches Bedenken: „Befördere ich auf diese Weise, die Neger in ihrem Eigensinn und ihrer Trägheit bestärkend, nicht geradezu selbst ihren moralischen Verderb, so daß sie künftig immer mehr jede Autorität mißachten," sagte ich mir und faßte einen heroischen Entschluß. Ich bat den Krankenpfleger, welcher uns unterstützend zur Seite stand, den Mabruki einmal tüchtig durchzuhauen. Das war eine glückliche Eingebung gewesen, denn dieser eindrucksvollen Sprache brachte Mabruki sofort das richtige Verständniß entgegen. Nach empfangener Strafe that er ohne Widerrede die ihm obliegende Arbeit, und während der nächsten acht Tage, wo dann einmal wieder so eine handgreifliche Zurechtweisung nöthig wurde, ließ seine Dienstbeflissenheit nichts zu wünschen übrig; er war geradezu wie umgewandelt, ein artiger und guter Junge geworden, an dem man seine Freude haben konnte. Der Neger — auch der Erwachsene - nimmt eine körperliche Züchtigung gar nicht übel, wenn sie verdient ist, aber man darf ihm niemals unrecht thun, denn er besitzt sehr viel Gerechtigkeitsgefühl;

auch merkt er sehr bald, ob man es wirklich gut mit ihm meint und zeigt sich dann oft sehr treu und anhänglich. Für ein freundliches Wort, auch für einen Scherz ist er sehr zugänglich, nur muß man sich hüten, zu weit zu gehen in der Vertraulichkeit, denn dann läuft man Gefahr, seine Autorität zu verlieren. In dem Gefühl, doch nur große Kinder um mich zu haben, deren oft kindisches Treiben mir Spaß machte, habe ich zuerst nicht immer den gehörigen Ernst ihnen gegenüber bewahrt. Man muß eben auch darin seine Erfahrungen sammeln.

Gegen Ende Juli erhielten wir fünf kranke Somali zur Pflege in das Haus, und hatte ich nun Gelegenheit, diesen kriegerischen Volksstamm, der mir bei meinem kurzen Aufenthalte in Aden durch seine stolze, selbstbewußte Haltung gewissermaßen imponirt hatte, näher zu studiren. Zu unseren angenehmsten Patienten gehörten diese neuen Ankömmlinge nicht, und ich muß eingestehen, daß es mir zuerst in ihrer Gesellschaft immer etwas unheimlich zu Muthe war. Wenn man die glühenden Augen sah, so lag der Gedanke nicht fern, daß die natürliche Wildheit plötzlich zum Ausbruch kommen könnte. Einmal schien es wirklich so, als den Leuten der Thee, den sie auf eigenes Verlangen erhalten hatten, da sie denselben dem Kaffee vorzogen, nicht süß genug war. Durch wüthende Geberden und drohende Worte gaben sie ihr Mißfallen kund. Es war aber auch ein Kunststück, ihre Wünsche zu errathen, denn durch das Medium der Sprache ließ sich nur mangelhaftes Verständniß erzielen. Suahili verstanden sie gar nicht, allenfalls ein paar Worte englisch. Als ich dem Einen eines Tages sein Mittagessen brachte, fragte er, ob das Fleisch beef sei; ich bejahte, in der Ueberzeugung, eine befriedigende Antwort zu geben, da die Somalis, soviel ich wußte, als Muhamedaner nur das Schweinefleisch meiden; aber wüthend, ich weiß nicht, aus welchem Grunde, schleuderte er das Fleisch fort. Europens übertünchte Höflichkeit war bei den wilden Söhnen des Somalilandes anscheinend nicht zu Hause. Ein gewisses Mißtrauen scheinen sie auch nur schwer überwinden zu können, und als einmal Schwester Asta Medizin eingeben wollte, weigerte sich der eine mit Entschiedenheit, dieselbe zu nehmen, bis sie selbst davon gekostet hatte. Die Somalis sollen falsch und hinterlistig sein, und so setzen sie wohl auch diese Eigenschaften bei dem Msungo (Weißen) voraus. Nach und nach wurden sie aber doch fügsam und zutraulich; wir hatten uns den Weg zu ihren Herzen gebahnt, indem wir herausfanden, wie ihre Chacula (Mahlzeit) zubereitet werden mußte, um ihren Beifall zu erlangen. Im Gegensatz zu den Negern, die den Reis sehr trocken essen, liebten jene etwas darübergegossene Bratensauce und fügte man noch etwas gebratenes Huhn bei, so nahmen sie die Mahlzeit freundlich schmunzelnd mit herablassendem Kopfnicken an. Milch war ihnen ein besonderer Genuß; dieselbe wurde aber stets von allen Kranken im Hause so sehr begehrt, daß wir Abends oft nur noch einen Becher voll übrig hatten, welchen wir dann demjenigen Kranken anboten, der am schwersten litt und am meisten der Stärkung bedurfte. Da war es nun wirklich rührend, daß einer allein nicht den Labetrunk genießen wollte, der Becher mußte die Runde machen, so daß ein Jeder sein Theil bekam. So wenig irgend eine Stammverwandtschaft zwischen den Suahilis und Somalis besteht, so wenig fühlten sie auch Sympathie für einander; sie schienen sich sogar feindlich gegenüber zu stehen. Unser Koch zeigte sich stets wenig geneigt, seine Fürsorge auch auf die kranken Somalis auszudehnen; immer wieder mußten wir ihn daran erinnern, auf die Zubereitung der Mahlzeit, welche für jene bestimmt war, ebenfalls einige Sorgfalt zu verwenden. Da unsere Hoffnung, den indolenten Koch mit der Zeit zu etwas mehr Selbstständigkeit erziehen zu können, nicht in Erfüllung ging und er stets dieselbe Maschine blieb, die still stand, sowie man sie nicht antrieb, so wurde er nach vier Wochen wieder entlassen und fand sich diesmal ein ganz guter Ersatz. Dadurch waren die wirthschaftlichen Verhältnisse im Hause bedeutend gebessert.

Als der Juli zu Ende ging, sahen wir wieder mit großer Sehnsucht der Ankunft der französischen Post entgegen. Das Eintreffen derselben war ja immer ein großes, höchst freudiges Ereigniß, das mit geradezu fieberhafter Ungeduld erwartet wurde; seit einem Monate hatte man nichts aus der Heimath gehört, auf welch eine Fülle interessanter Nachrichten konnte man da hoffen! Unzählige Mal des Tages stieg man auf das platte Dach, um auszuspähen, ob das Schiff noch nicht in Sicht sei; eine Fahne auf dem Leuchtthurme verkündete immer diese Freudenbotschaft. Wie hochbeglückt hielt man endlich seine Zeitungen und besonders seine Briefe in der Hand, man zählte die Häupter seiner Lieben — 17 Stück hatte mir diesmal die Post bescheert; alle ersehnten Briefe waren eingetroffen, auch einige, die ich nicht erwartet hatte. Man war also doch noch nicht vergessen im fernen Afrika! Und noch eine andere Ueberraschung wurde mir diesmal zu Theil. Es war uns Unterstützung in der Krankenpflege versprochen worden, doch hatten wir nichts Näheres darüber erfahren können, ob wirklich schon Schwestern für Afrika bestimmt und bereits dahin abgereist waren. Meine freudige Ueberraschung war nun groß, als zwei Schwestern aus dem mir so wohlbekannten Clementinenhause in Hannover ankamen. Sie brachten mir direkte Grüße und Briefe von meinen Bekannten aus Hannover, auch ein Kistchen Eau de Cologne, das mir eine mütterliche Freundin in liebender Fürsorge bei dieser Gelegenheit zukommen ließ und gerade errathen hatte, was ich am besten brauchen konnte, denn dies schöne Kölnische Wasser ist die größte Erfrischung in dem heißen Klima. Anfang August erhielten wir den Besuch von Schwester Antonie. Dieselbe hatte in Bagamoyo eine anstrengende Zeit durchgemacht, litt jetzt fortwährend am Fieber und sah blaß und elend aus; frische Farben behält zwar selten Jemand im Tropenklima in Afrika, aber es war auffallend, wie schnell sie die ihrigen verloren hatte. Leider erholte sie sich auch bei uns im Hospital nicht recht, ihre Konstitution schien dem Klima nicht widerstehen zu können; die Fieberanfälle erneuerten sich, und es war die Rede davon, daß sie nach Europa zurückkehren und ich an ihre Stelle nach Bagamoyo gehen sollte. — Die Ereignisse an der Küste, die Siege des Reichskommissars erregten natürlich auch immer unser größtes Interesse. Unsere Leute, die sich wie die meisten Suahili-Neger nicht durch große Tapferkeit auszeichneten, hatten einen wahrhaft heiligen Respekt vor Bagamoyo, und um keinen Preis wären sie an die Küste gegangen. „Bagamoyo bum bum," sagten sie. An schwachen Nerven Leidende hätten sich wahrscheinlich auch damals in Sansibar nicht ganz wohl gefühlt; es schien wirklich manchmal, als ob man auf einem Vulkan wandelte und das Damoklesschwert über unsern Häuptern hinge. Der Haß der Einheimischen gegen alle Fremden war entschieden groß, man munkelte von einer Verschwörung, und in den Tagen, wo sie das Fest der Blutrache feierten, konnte man nicht wissen, wozu sie der Fanatismus verleiten würde. Unsere Leute fürchteten auch für ihr Leben, weil sie im Dienste der Weißen standen, und hatten sich alle mit Messern bewaffnet. Smy verrichtete eines Morgens mit einem tief melancholischen Gesicht das Geschäft des Messer- und Gabelputzens, und als ich ihn, in der Besorgniß, daß er krank sei, theilnehmend nach seinem Ergehen fragte, erwiderte er, auf seinen Hals deutend: „Leo mimi bass!" Was ungefähr so viel bedeutete wie „heute werden sie mir die Kehle abschneiden". Doch die verhängnißvollen Tage gingen vorüber, ohne daß Jemanden ein Haar gekrümmt wurde. Aber man war auch wachsam gewesen; Nachts wurde oft die ganze Stadt von den Schiffen aus mit elektrischem Licht beleuchtet, was einen grandiosen Anblick gewährte und gewiß auch auf die Eingebornen gehörigen Eindruck gemacht hat. — Die Leiden unseres Smy mußten doch wohl nicht nur psychischer, sondern auch physischer Natur sein, da er sich eines Tages in die Behandlung

eines Suahili Doktors begab, und da die Heilmethode des
schwarzen Aesculap natürlich meine Wißbegierde erregte, so
sah ich mit Interesse zu, wie der Patient der Operation des
Schröpfens unterworfen wurde. Mit dem Gesicht eines zum
Tode Verurtheilten lag Smy platt auf der Erde. Der
Doktor machte zahlreiche kleine Einschnitte in seinen Rücken,
setzte Kuhhörner darauf, in die er Löcher bohrte und saugte
die Luft aus. Darauf wurde der ganze Rücken mit Kalk
eingeschmiert. Ob bei der Prozedur im Geheimen auch
Zauberformeln gemurmelt wurden, weiß ich nicht, möchte
es aber glauben, da etwas Hokuspokus hier unbedingt zur
medizinischen Wissenschaft gehört. Am 24. August schiffte
ich mich auf der „München" nach Bagamoyo ein. Ich fühlte
mich in ganz gehobener Stimmung, sollte ich doch nun die
Küste betreten, wo sich eben ein Stückchen Weltgeschichte ab=
spielte. Eigentlich befand ich mich bereits auf historischem
Boden; die kleine „München", welche, obwohl nur 50 Tonnen
groß, doch mehrere Revolvergeschütze trug, hatte sich ja schon
nicht nur in manchem Sturm, sondern auch in vielen Ge=
fechten tapfer bewährt. Jetzt durchschnitt sie kühn die sturm=
bewegten Wellen, denn es war besonders hoher Seegang. Wohl
dem, der dann seefest ist und Vergnügen findet an dem mun=
teren Geschaukel, wenn es einmal hoch in die Höh, dann
wieder tief hineingeht in den sich aufthuenden Wellenschlund.
Nach ungefähr vierstündiger Fahrt wurde vor Bagamoyo
Anker geworfen. Aber wie nun hineinkommen in das Boot,
welches einen lustigen Tanz vor uns ausführte und jedesmal
neckisch hinwegflog, so wie wir es nahe genug glaubten, um
hineinspringen zu können. Solch unnütze Bequemlichkeiten
wie eine Treppe oder Leiter waren nicht am Schiff vor=
handen. Mit schnellem Entschluß mußte ein kühner Sprung
gewagt werden — er gelang — auch mein Koffer, dessen
Schicksal mir noch einige Bangigkeit einflößte, war bald
glücklich im Boote geborgen und nun ging es schnell land=
wärts durch die dampfende Gischt hindurch. So ganz leichten

Kanus kamen wir aber nicht davon. Die losen Wassernixen schienen ihren Spaß daran zu finden, noch ein wenig Schabernak mit uns zu treiben und Wellenberge aufzuthürmen, die über das Boot und unsere Köpfe hinweg schlugen. Es war wirklich eine ganz tolle Fahrt, wie ich eine ähnliche noch nicht erlebt hatte, und man athmete auf, als man endlich im sicheren Port anlangte. Vor Allem war bei mir der Wunsch vorherrschend, so schnell wie möglich nach dem Lazareth zu kommen, um dem äußeren sturmzerzausten Menschen wieder ein zivilisirtes Aussehen zu geben, was mit Schwester Augustens freundlicher Hülfe bald gelang. Die seedurchtränkte Kleidung wurde mit trockener vertauscht und bald fühlte ich mich ganz wohl in meinem neuen Heim, in dem zwar einfachen, aber hellen und freundlichen Lazareth, um dessen Einrichtung sich Schwester Auguste und Schwester Antonie verdient gemacht hatten. Bagamoyo, das hauptsächlich aus einer langen Straße mit vielen Durchblicken nach dem Meere besteht, macht mit seinen hellangestrichenen niedrigen Häusern, an denen sich meistens blaue Fensterläden grell abheben, einen außerordentlich freundlichen Eindruck, und welche musterhafte Ordnung und Sauberkeit herrschte überall! Gerade wenn man aus Sansibar kam, wo der allgemeinen Sitte gemäß jeder Abfall auf die Straße geworfen wurde, so daß die Schakale ein wahres Werk der Barmherzigkeit übten, wenn sie Nachts ein wenig aufräumten, wurde man hier durch den vortheilhaften Contrast auf das Angenehmste berührt. Die Schutztruppe hatte wirklich Staunenswerthes in der kurzen Zeit geleistet; ich fing an, ganz ungemein stolz zu werden auf meine Landsleute und den Kopf etwas höher zu tragen, in dem Bewußtsein, einer großen Nation anzugehören. Man schien dieselbe hier auch sehr zu respektiren. Ehrerbietig wurde man von allen Farbigen gegrüßt und legten die Neger, wenn sie mir „jambo bibi!" zuriefen, dabei — indem sie sich, stramm aufstellend, Front machten — die Hand ganz militärisch an die Stirn. Daß dies nicht nur die Männer, sondern auch die Frauen und kleinen Kinder thaten, machte einen höchst komischen Eindruck. Herzlich mußte ich lachen, als ich später einmal in einer englischen Zeitung las: das arme geknechtete Volk stünde in Bagamoyo so unter der Soldatenherrschaft, daß sogar schon die kleinsten Kinder aus Furcht vor den Unterdrückern militärisch grüßten. Die kleinen Afrikaner sind eben geradeso wie die europäischen Kinder von Nachahmungstrieb beseelt und dünken sich groß, wenn sie den Erwachsenen etwas gleichthun. Das „Jambo bibi", „jambo sana" (guten Tag, Herrin, sehr guten Tag) klang wirklich nicht nach Zwang; es kommt auch vor, daß noch ein „Cama lulu", was ungefähr bedeutet: „Dem Tag möge schön sein wie eine Perle", oder „Cama mariani" (wie eine Koralle) hinzugefügt wird, und sagt man zu Jemand „Cua heri" (adieu) so lautet häufig die Erwiderung: „Cua onana" (auf Wiedersehen). Man fühlte sich wirklich wohl unter dem freundlichen zuthunlichen Völkchen hier. Meine höchste Bewunderung erregte die gute Schulung der schwarzen Truppen; ich hätte so etwas nie für möglich gehalten. Mit größter Präzision wurden alle militärischen Exerzitien ausgeführt und mit wahrhaftem Wohlgefallen blickte man so einer Sudanesen-Compagnie nach, wenn die Leute ganz stramm im Gleichtritt durch die Straßen marschirten. „O, welche Lust, Soldat zu sein!" blitzte ihnen förmlich aus den dunklen Augen heraus. Text und Melodie ihrer Gesänge klang nun allerdings etwas anders: „Unser Häuptling ist ein großer Mann, wenn er redet, so redet er mit dem Schwert." So wurde der große Reichskommissar von seiner schwarzen Mustertruppe besungen; natürlich nicht auf deutsch, sondern auf sudanesisch und ließ ich mir die Worte, die den Refrain von einem Liede bildeten und immer mit besonderem Feuer und in einem gewissen Rhythmus vorgetragen wurden, so daß sie meine Aufmerksamkeit erregten, von einem Sprachkundigen übersetzen. Die Spuren des Krieges waren in Häuserruinen und großen

Lichtungen in den Palmenhainen bemerkbar, aber „neues Leben blüht aus den Ruinen" konnte man hier mit Recht sagen, denn Bagamoyo machte entschieden den Eindruck einer im Aufblühen begriffenen Ortschaft. Ich sah eine große Anzahl halbfertige oder eben angefangene Negerhütten, an denen fleißig gearbeitet wurde; vertrauensvoll, auf den deutschen Schutz bauend, siedelten sich die geflüchteten Eingebornen wieder an. Das muntere Gesicht und der freundliche Gruß einer jungen Negerin, die gerade vor ihrem Hüttlein stand — ich gebrauche den Diminutiv, weil es ein Häuschen der bescheidensten Art war — ermunterte mich eines Tages, einzutreten, um mir die Behausung, welche drei Menschen, Mann, Frau und erwachsene Tochter zum Wohnen diente, etwas näher zu beschauen. Meine Erwartungen an dem hier vorzufindenden Comfort waren in der That nicht groß gewesen, aber diese Anspruchslosigkeit war doch geradezu imponirend. Die ganze Einrichtung bestand in einer mit einer Matte belegten Kitanda und zwei Kochtöpfen. Dabei waren die Leute glücklich und zufrieden und schienen nichts Besseres zu begehren. Freilich ist ja die Wohnung der glücklichen Menschenkinder unter diesem gesegneten Himmelsstrich hauptsächlich Gottes freie Natur und ihr Dach das blaue Himmelszelt; die Hütte wird nur zuweilen als Unterschlupf benutzt. Ich will nun nicht behaupten, daß dieser hohe Grad von Anspruchslosigkeit allgemein wäre unter den Negern. Es gab auch viele Hütten, welche mehr Räume enthielten und etwas reichlicher ausgestattet waren, und im Allgemeinen fand ich darin, mehr als ich erwartet hatte, Sinn für Ordnung und Reinlichkeit entwickelt. Gänzlich fehlte derselbe in den Häusern der Indier, die sich in großer Zahl in Sansibar sowie in Bagamoyo als Kaufleute niedergelassen haben. Es kam vor, daß ich von irgend einem Unbekannten auf der Straße angesprochen wurde und gebeten, einen Kranken zu besuchen. So gelangte ich in die geheimsten Familiengemächer hinein, die sonst gewöhnlich den Fremden verschlossen bleiben. Wie diese Leute, die sich meistens in guten Verhältnissen befanden und sich ihr Heim jedenfalls sehr angenehm hätten gestalten können, in fast ganz licht- und luftlosen, von allen möglichen Gerüchen durchschwängerten Räumen existiren konnten, war mir unbegreiflich. Ich wunderte mich nur, daß die Kinder, die in diesen Höhlen heranwuchsen, ganz leidlich gediehen; zum Glück hielten sie sich mehr auf der Straße wie im Hause auf, und hatte ich bald besondere Freundschaft geschlossen mit diesen hübschen kleinen Indiern, die so seelenvoll aus den dunklen Augen herausschauten, und mir so niedlich „jambo bibi" zurufend, die Händchen entgegenstreckten, so oft ich mich auf der Straße sehen ließ. Daß das Gesicht der kleinen Mädchen durch eine Rosette im linken Nasenflügel entstellt wurde, fand ich recht schade, aber schließlich ist es wohl nur Gewohnheitssache, was man schön oder häßlich findet. Gewiß wird die Zeit kommen, wo man auch auf die Sitte den europäischen Mädchen die Ohrläppchen zu durchbohren, um Ringe hineinzuhängen, als auf eine barbarische zurückblickt. Die Frauen der indischen Kaufleute, die ebenso wie die Männer mit Wohlgefallen die Pesas zählten, welche sie im Laufe des Tages einnahmen, prunkten hinter ihren Ladentischen in kostbaren, mit reicher Goldstickerei verzierten Gewändern und sahen wohl recht mitleidig auf unsere einfache graue Schwesterntracht herab. Uebrigens standen wir mit Allen auf freundschaftlichem Fuß, besonders mit unserer jungen liebenswürdigen Nachbarin, an deren Seite wir uns wohl auch Abends einmal zu einem Plauderviertelstündchen niederließen, bei welcher Gelegenheit sie dann gern den Versuch machte, uns Geschmack an ihrer Lieblingsbeschäftigung, dem Betelkauen, beizubringen. Einmal mußte es natürlich der Wissenschaft wegen ausprobirt werden, um aus eigner Erfahrung diesen zweifelhaften Genuß, dem auch die Neger oft mit Leidenschaft ergeben sind, kennen zu lernen; aber an dem einen Versuch hatte ich auch gerade genug! — Die Negerinnen fand ich an der Küste ganz geschmackvoll gekleidet, im Gegensatz zu ihren Schwestern in Sansibar, die sich als eitle Putznärrinnen den tollsten Geschmacksverirrungen hingaben und am liebsten in möglichst grelle großmustrige Tücher wickelten. „Seht mich an, wie schön ich bin!" sagt der herausfordernde Blick solch einer schwarzen Evastochter, wenn sie in einer neuen Gewandung, die vielleicht aus sechs noch nicht auseinander geschnittenen bunten Taschentüchern besteht, wohlgefällig durch die Straßen wandelt. Mit Vorliebe behängt sie sich mit möglichst vielem plunderigen Schmuck und nimmt dann, um Aufsehen zu erregen, einen besonders wackeligen Gang an; das macht Alles einen recht widrigen Eindruck. In Bagamoyo dient den Negerinnen meistens ein dunkelblauer Shawl mit rothen Kanten als Kleidungsstück und verstehen sie sich ganz malerisch mit demselben zu drapiren, gewöhnlich so, daß eine Schulter und ein Arm frei bleibt. Die Tracht der Männer besteht in einem bis zu den Knöcheln herabhängenden Hüfttuch (Kikoy) und einem darüber gezogenen kurzen Hemd (Kanzu), beides aus weißem baumwollenen Stoff, mit hübschen bunten Kanten verziert. Reichen die Mittel dazu nicht aus, so genügt ihnen auch ein einfaches Stück weißes Baumwollenzeug. In Sansibar tragen die vornehmen Suahilis über dem Kikoy ein langes weißes Hemd von ganz feinem, oft durchbrochenem Stoff und dazu auf dem geschorenen Kopfe eine weiße, kunstvoll gearbeitete Mütze. So kleideten sich auch die boys, die uns bei Tische servirten; doch waren häufige Ermahnungen nöthig, die Kleidung sauber und ordentlich zu halten. Während sich die Männer nach Türkenweise den Kopf glatt scheeren, ist die Herstellung eines wohlfrisirten Frauenkopfes ein unendlich mühseliges und zeitraubendes Werk. Das wollige Haar wird in lauter kleine Zöpfchen geflochten, die dann in regelmäßigen Reihen über den Kopf gelegt werden. Einst hatte ich Gelegenheit vom Hospital in Sansibar aus — wo man in einen gegenüberliegenden Hof blickte — zu beobachten, wie eine alte Araberin als Friseuse bei einer jungen Negerin jungirte. Die Arbeit wurde mit einer, einer besseren Sache würdigen Sorgfalt und Geduld ausgeführt. Natürlich verfolgte ich nicht den ganzen Verlauf der Verschönerungs-Prozedur, da der Begriff Zeit, über welchen die Neger erhaben sind, für mich kein leerer Begriff, sondern eine Realität war. Als ich aber nach zwei Stunden wieder an das Fenster trat, war das Kunstwerk immer noch nicht zur Vollendung gelangt, und so gab ich fernere Beobachtungen auf.

Bagamoyo eignet sich als Ausgangspunkt der Karawanen ganz besonders gut zum Studium der Völkerkunde. Solch ein Karawanenzug, der aus dem Innern kam, gewährte in der That einen höchst interessanten Anblick. Da sah man die verschiedensten Volksstämme, die wunderlichsten Trachten und seltsamsten Kopfverzierungen. Durch Verbrauch von allzu viel Stoff für ihre Kleidung setzten sich diese Wilden aus dem Innern jedenfalls nicht in Unkosten, um so mehr aber durch Zierrathen aller Art, mit welchen der Körper oft überladen war. Manche hatten sich malerisch mit den Fellen drapirt, welche sie zum Verkauf bieten wollen, und waren noch schwer belastet mit Elefantenzähnen, Rhinoceroshörnern und anderen Produkten ihres Landes. Wenn man gut zu handeln verstand, so konnte man manchen guten Kauf abschließen. Das Anstaunen war übrigens gegenseitig, denn viele dieser Wilden wunderten sich anscheinend eben so über uns, wie wir uns über sie und starrten uns an wie Gebilde aus einer andern Welt. Sie hatten wahrscheinlich noch nie weiße Bibis gesehen. Was war das in einer solchen Zeit für ein buntes abenteuerliches Leben und Treiben in den Straßen, und wenn dann die Nacht hereinbrach und die dunkeln Gestalten beim hellen Feuerschein vor ihren Zelten lagerten, da war es mir manchmal, als stünde eine Scene aus dem „Letzten der Mohikaner" leibhaftig vor meinen Augen. Unwillkürlich suchte ich den alten Chingangchock unter den Häuptlingen, und hätte mich nicht gewundert, wenn mir plötzlich einer eine Friedenspfeife angeboten hätte. Zu solcher

Intimität gedieh nun zwar unsere Bekanntschaft nicht, aber wir traten wohl einmal heran an solch eine malerische Gruppe, entboten ihr einen „Guten Abend" und fragten, wenn gerade die Abendmahlzeit bereit war, wie die Chacula schmeckte. — Besonders gern wählten wir zum Ziel unserer Spaziergänge die französische Mission, die ganz reizend inmitten eines Palmenwaldes lag und wo wir stets auf das freundlichste von den Brüdern und Schwestern empfangen wurden. Man konnte nicht anders als wahrhaft überrascht sein, wenn man zum erstenmal diese ganz großartige Colonie sah, wo die Schwarzen nicht nur den Boden bearbeiteten, sondern auch in zahlreichen Werkstätten thätig waren. Reizende Blumen und alle möglichen Gemüse wurden hier gezogen; auch sah man Anpflanzungen von Cacao, Kaffee und Vanille; daß letztere in vorzüglicher Güte gedieh, habe ich selbst erprobt, da wir sie im Lazareth zum Geschenk erhielten. Man bekam hier einen Begriff davon, was sich mit Fleiß und Ausdauer dem Boden abringen läßt, und wenn man das ausgedehnte Gebiet durchwanderte, wo man überall thätige und zufriedene Menschen sah, die den Segen des „Ora et labora!" wohl schon an sich erfahren hatten, da dachte man unwillkürlich: „möchte unsere deutsch=evangelische Mission erst so weit sein." Aber wie könnte man hier einen Vergleich ziehen! Die französischen Brüder haben sich schon vor 25 Jahren in Bagamoyo angesiedelt; in dieser langen Zeit ließ sich wohl ein schöner Erfolg erzielen. Während unsere Mission, die erst vor zwei Jahren ihre Thätigkeit in Dar=es=Salaam begann, sich gleich unter den schwierigsten Verhältnissen in Kriegs= zeiten durchkämpfen mußte. Mein Wunsch, nun auch unsere Missionsstation in Dar=es=Salaam kennen zu lernen, wurde schneller erfüllt, als ich dachte. — Da Schwester Antonie, die sich wieder etwas frischer fühlte und doch gern ihre Kräfte noch für Afrika verwenden wollte, nach Bagamoyo zurück= kehrte, so schien es mir wahrscheinlich, daß man mich nach einer andern Station berufen würde; in welch unerwarteter

Weise ich aber eines Tages mit der Versetzung überrumpelt wurde, kann ich doch nicht unterlassen, zu erzählen. Wir hatten immer viel Aerger mit dem Dobi — dem Wäscher — gehabt, da er die ihm anvertrauten Sachen entweder gar nicht oder in sehr schlechtem Zustande zurückbrachte, und so faßten wir den Entschluß, die Arbeit des Dobi selbst zu übernehmen. Im Tropenklima will das etwas heißen; deshalb stellten wir uns auch mit dem erhebenden Bewußtsein, uns doch eigentlich zu einer heroischen That aufgeschwungen zu haben, eines Morgens an den Waschtrog. Der Schweiß perlte uns bald in dicken Tropfen auf der Stirn, aber das störte unseren Humor nicht, denn „wenn gute Reden sie begleiten, da fließt die Arbeit munter fort". Es kommt ja auch nur auf die Auffassung an, ob man eine Arbeit interessant oder uninteressant findet, und im Grunde genommen ist doch Waschen eine höchst klassische Beschäftigung, da sich nach den Erzählungen des alten Homer schon die Königstochter Nausikaa damit abgab. Die brennende Mittagssonne zwang uns endlich, unserem Eifer Einhalt zu thun; es nahte nun auch die schöne Zeit der Siesta, die man sich in der heißen Zone — sollen die Kräfte nicht erlahmen — wenn irgend möglich durchaus gönnen muß. Wie mußte die Mittagsruhe nach gethaner Arbeit wohlthun, noch nie hatte ich mich so darauf gefreut; aber so eine arme Tropenschwester denkt und — der Chefarzt lenkt. Uebrigens muß ich hier erwähnen, daß ich mich demselben ganz zur Disposition gestellt und gebeten hatte, zu jeder Zeit über mich zu verfügen. Heute kam mir nun aber sein Eintreffen — ein Schiff aus Sansibar hatte ihn hergeführt — und sein Eingriff in mein Schicksal in der That etwas unerwartet, und als er plötzlich mit der Aufforderung vor mir stand, mich binnen einer Stunde zur Abfahrt nach Dar=es=Salaam bereit zu halten, schwindelte mir doch ein wenig der Kopf. Ja könnte man nur in der Wildniß sich auch gleich zur Bedürfnißlosigkeit der Wilden aufschwingen. Soweit hatte ich es aber noch nicht gebracht, sondern liebte, ich kann es nicht leugnen, mich mit vielerlei nützlichen und vielleicht noch mehr unnützen Sachen zu umgeben. Von einem ordentlichen Verpacken derselben konnte nun keine Rede sein; die „München" lichtete um 1 Uhr die Anker und konnte nicht auf mich warten; also flogen meine Sachen nur so in den Koffer hinein und eine Stunde später schwamm ich bereits auf dem großen Wasser neuen Schicksalen entgegen. Die kleine „München" führte uns sicher durch das brausende Element und bald nach Sonnenuntergang fuhren wir beim herrlichsten Mondenschein im stillen Hafen ein. Dar-es-Salaam lag vor uns, magisch beleuchtet vom silbernen Schein des Mondes, ein wahrhaft entzückendes Bild! Zu meiner höchsten Ueberraschung — denn an so zivilisirte Einrichtungen war ich nicht mehr gewöhnt, legte das Schiff an einer schönen Landungsbrücke an. War ich denn in Afrika? Das war ja wirklich, als ob man zur Sommer-Villeggiatur in einem deutschen Nordseebade landete. Die Herren, welche die Fahrt mit mir gemacht hatten, fanden Unterkommen auf der Station der Offiziere; ich wurde sehr freundlich vom Missionar Greiner aufgenommen, obwohl ich ihm an jenem Abend ganz unerwartet kam und er in dem gemietheten Indierhause sehr mit Platz beschränkt war. Dar-es-Salaam heißt Friedenshafen und kam es mir wirklich so vor, als ob ich in einem solchen eingelaufen sei, als ich hier im gemüthlichen Familienkreise saß, und owohl 7000 Seemeilen von der deutschen Heimath getrennt, war mir im fernen Afrika einmal wieder ganz heimisch zu Muthe. Nach beendeter Abendmahlzeit fand eine Andacht statt, an der alle Schwarzen, die im Hause waren, theilnahmen, und nachdem Herr Greiner das Vaterunser in deutscher Sprache gesprochen hatte, wurde es noch einmal auf Suahili von den Negerkindern einstimmig wiederholt. Das war alles sehr ergreifend und feierlich, ein schöner Abschluß des Tages, der unter Mühe und Arbeit begonnen hatte. 12 Negerkinder befanden sich im Hause, die hier zu Christen und arbeitsamen Menschen erzogen wurden. Die Mädchen, groß und klein, machten sich im Hause nützlich, die Knaben arbeiteten schon tüchtig mit draußen auf der Schamba. Die deutsch-evangelische Mission hatte pachtweise auf hundert Jahre vom Sultan ein Grundstück erworben, das ungefähr 20 Minuten von der Stadt entfernt lag und sich zum Plantagenbau eignete. Dort herrschte rege Thätigkeit vom Morgen bis zum Abend, und es gewährte wahrhafte Freude, die schöne, vielversprechende Anpflanzung zu sehen, wo einheimische sowie europäische Gemüse und die schönsten Früchte aller Art vertreten waren. Ananas und Bananen bildeten die Einfassung der Wege, die sich nach allen Seiten durch das Grundstück zogen. Das noch im Bau begriffene Haus lag ganz reizend dicht am Meere, von hohen Kokospalmen und Mangobäumen beschattet und versprach eben so stattlich und schön wie zweckmäßig zu werden. Am Ende des vergangenen Jahres, als der von Buschiri angefachte Aufstand ausbrach, hatte Herr Greiner den Schmerz gehabt, die Früchte einjähriger mühevoller Arbeit zu verlieren. Er mußte damals vor den wilden Schaaren der Aufständischen, die auf die Schamba eindrangen und große Verwüstungen anrichteten, mit Frau und Nichte auf ein deutsches Kriegsschiff flüchten. Er hielt sich dann zunächst in Sansibar auf und konnte erst nach Monaten nach Dar-es-Salaam zurückkehren, um das unterbrochene Werk wieder aufzunehmen. Seitdem war der tüchtige, vielseitige Mann unermüdlich thätig gewesen und ging er — bei Allem wo es nöthig war, selbst zugreifend — den Arbeitern stets mit gutem Beispiel voran. Ueberall mußte sein wachsames Auge sein, da die Eingeborenen, sich selbst überlassen, nur gar zu gern in ihre Trägheit zurückfallen. Ein besonderes Vergnügen war es mir immer, am Sonntag Nachmittag Herrn Greiner auf seine Schamba zu begleiten und mir dann Alles zeigen und erklären zu lassen. Einen ganz eigenartigen Anblick gewährten die mächtigen Baobabs (Affenbrotbäume), von denen sich hier einige besonders alte und charakteristische

Exemplare vorhanden. Die Eingeborenen haben eine gewisse abergläubische Scheu vor diesen Bäumen und sind schwer zu bewegen, dieselben zu fällen, da es ihrem Glauben nach verderbenbringend ist, Hand daran zu legen. An die Besichtigung der Schamba schloß sich gewöhnlich ein schöner Spaziergang dem Meere entlang, wobei die kleinen Schwarzen munter vorausliefen, darin wetteifernd, die schönsten und seltensten Muscheln für mich aufzulesen. Dar-es-Salaam ist landschaftlich sehr viel schöner wie Bagamoyo. Einen besonders malerischen Reiz verleihen der Gegend die vielen vom üppigsten Tropengrün überwucherten Ruinen, dadurch entstanden, daß ein früherer Sultan vorübergehend seine Residenz hier aufschlug und viele Bauten aufführen ließ, die dann schnell wieder verfielen. Der Indische Ocean zeigt sich nun zwar hier nicht als das wilde, sturmbewegte Element wie in Bagamoyo, wo meistens starke Brandung stattfindet, der azurblaue Wasserspiegel in der tiefen Einbuchtung, erinnerte mich vielmehr an einen friedlichen Schweizer See. Wir standen damals, im September, in der kleinen Regenzeit, die durchaus nicht unangenehm war; ich hatte mir dieselbe ganz anders vorgestellt. Nur ab und zu ergoß sich aus einer dunklen heraufziehenden Wolke ein tüchtiger Regenschauer; die heißen Strahlen der bald wieder hervorbrechenden Sonne trockneten aber sehr schnell den nassen Erdboden, so daß man nicht lange am Ausgehen verhindert wurde. Das sehr schadhafte alte Indierhaus, welches der Familie Greiner zum Wohnen diente, war nun freilich kaum mehr dem Ansturm eines tropischen Regengusses gewachsen. Es kam vor, daß sich bei solcher Gelegenheit mitten im Wohnzimmer eine große Wasserfläche bildete und einst — als ich gerade Herrn Greiners Nichte bei den Vorbereitungen zum Mittagsmahl etwas half, um meine Studien daran zu machen, wie man aus dem Herzen einer gefällten Palme ein gutes Gemüse und einen schönen Salat bereitete — war ich Zeuge des merkwürdigen Phänomens, daß sich der ganze Küchenraum mit größter Schnelligkeit in einen kleinen See verwandelte, auf dem die leichten Blechschüsseln ganz lustig wie kleine Gondeln herumschwammen. Natürlich blickte die ganze Familie mit Sehnsucht dem Tag entgegen, wo sie das neue Haus beziehen und sich ein etwas gemüthlicheres und gesünderes Heim wieder einrichten könnten. Auch ich freute mich sehr darauf und hatte Herr Greiner auch schon freundlichst im neuen Hause ein Zimmer für mich bestimmt, von welchem aus man eine entzückende Aussicht auf das Meer genoß. Der Gesundheitszustand war zu jener Zeit in Dar-es-Salaam unter den Deutschen ein recht günstiger. Die wenigen Kranken wurden gut von den beiden Lazarethgehülfen besorgt; das Einrichten der geplanten Poliklinik verzögerte sich aus mancherlei Gründen und so hatte ich gute Tage, sogar Zeit, ein wenig zu skizziren, wozu die reizende Gegend eine Fülle von Motiven bot. Allerdings fehlte es mir nicht an Patienten unter den Schwarzen, die jeder daua — ein Wort, das sehr charakteristisch für die Auffassung der Leute zu gleicher Zeit Medizin und Zauber bedeutet — welche ihnen der Weiße giebt, ein geradezu rührendes Vertrauen entgegenbringen. Sie waren aber auch sehr dankbar, wenn man ihre, gewöhnlich durch vernachlässigte Geschwüre entstandenen, oft schrecklichen Wunden in Behandlung nahm, die aber in den meisten Fällen bei antiseptischem Verfahren gut heilten, besonders wenn man dem Verband ein stundenlanges warmes Seifenbad vorhergehen ließ. Einmal habe ich mich einer kleinen Charlatanerie schuldig gemacht. Bei einem Schwarzen, der ein fürchterlich geschwollenes Knie hatte, hielt ich zunächst hydropathische Umschläge für am zweckmäßigsten. Da der Mann aber niemals an eine durch simples Wasser hervorgerufene Heilwirkung geglaubt haben würde, so spülte ich die Flasche, in welche ich das Wasser that, erst mit Kampferspiritus aus; nun duftete es nach einer besonderen Daua, und die Umschläge wurden gewissenhaft gemacht. Mein besonderes Interesse und Mitleid nahm ein ungefähr 4 oder

5 Jahr altes Negerknäblein in Anspruch), welches den kühnen Versuch, einen hohen Baum zu erklettern, schwer hatte büßen müssen, denn mit 2 gebrochenen Armen wurde es zu mir gebracht. Zum Glück kam der sehr tüchtige Lazarethgehülfe gerade zufällig in das Haus, so daß wir gleich zusammen die Aermchen einrichten konnten, wobei sich der kleine Patient wie ein Spartaner benahm, zwar an allen Gliedern zitterte, aber kaum einen Ton von sich gab. Ich richtete dann in meiner Stube eine alte Kiste möglichst bequem für ihn ein und wurden die gebrochenen Glieder in eine Art Heisterſche Laden gelegt, die Herr Greiner schnell zurecht gezimmert hatte. Da saß nun der Kleine ohne zu weinen mit einer wahren Duldermiene; ich fing ordentlich an Respekt zu bekommen vor dem kleinen schwarzen Philosophen, der sich vorgenommen zu haben schien, die unvermeidlichen Leiden des Lebens ohne Klage zu ertragen. Diese würdevolle Ruhe hielt übrigens nur ein paar Stunden an, dann verzog sich das breite Mündchen zu einem mörderischen Geschrei, womit dem lang verhaltenen Groll über das grausame Geschick endlich Luft gemacht wurde. Es war wohl nur die gänzliche Neuheit der Situation und Umgebung gewesen, die einschüchternd gewirkt und das Verstummen veranlaßt hatte. Von nun an benahm sich mein Pflegling genau ebenso wie andere weiße oder schwarze kleine Erdenpilger, deren tiefstes Weh sich erfahrungsweise am besten beschwichtigen läßt, wenn man ihnen etwas zu essen giebt, oder ein Geschichtchen erzählt. Solchen Trostgründen zeigte er sich nicht unzugänglich und wurden dieselben auch bald von der eigenen Mutter übernommen, die Abends kam um ihr Mtoto (Kind) mit nach Hause zu nehmen. Das „zu Hause" lernte ich am anderen Morgen kennen, als mich das Verlangen, meinen Patienten zu sehen, dazu antrieb, ihn in seinem Heim aufzusuchen. Die Familie hatte sich in einer mit Gestrüpp bewachsenen Ruine einquartiert, die mir für die Thiere des Waldes geeigneter erschien, wie zur Wohnung für Menschen, doch schienen sich letztere ganz vergnügt

ihres idyllischen Daseins darin zu erfreuen und Mtoto mit den verbundenen Aermchen kam mir lachend mit den Worten entgegen gelaufen: „Hapana um" (es thut nichts weh). Das war sehr beruhigend; ich hielt es aber doch für besser ihn wieder mitzunehmen und zunächst noch unter Aufsicht zu behalten, damit der Verband nicht abgerissen und vielleicht wieder verfrühte Kletterversuche gemacht würden. Auch noch andere Negerfamilien hatten die Wohnungsfrage in derselben Weise gelöst. Wozu sollten sie sich die Mühe nehmen und Hütten bauen, da ihnen die vielen Ruinen Wohnungen boten, die ihren Ansprüchen ganz genügten; da stellten sie ihre Kitanda, die Bett, Tisch und Stuhl zu gleicher Zeit vorstellte, hinein und die Einrichtung war fertig. Allenfalls sah man noch ein paar Kochtöpfe, einen Korb und ein Schöpfgefäß. Wenn man Vergnügen daran fand, in dem alten Gemäuer herumzuklettern, konnte man möglicher Weise unliebsame Begegnungen machen. Ein Eingeborner wurde in der Ruine des früheren Sultanpalastes von einem Löwen angefallen, welcher der Ansicht zu sein schien, daß nur ihm, dem König der Thiere, die einstige Behausung des Landesherrschers als Aufenthalt gebühre. Er hat noch kurze Zeit die Umgegend beunruhigt und sich sogar Nachts in den Straßen der Stadt gezeigt, bis der Proviantmeister Jahnke dem Schrecknis ein Ende machte, indem er den Löwen erlegte. Die That des weißen Mannes hat den Schwarzen gewaltig imponirt, ihre Phantasie sogar zu einem schönen Poem beflügelt, in welchem sie die Deutschen als die Befreier von vierbeinigen sowie zweibeinigen Menschenfressern preisen. Letztere lebten nun nicht gerade unter uns, aber es kamen Exemplare dieser liebenswürdigen Menschenrasse ausnahmsweise an die Küste und sind mir in Bagamoyo gezeigt worden. Um mich keiner Uebertreibung schuldig zu machen, will ich aber doch erwähnen, daß der Fall mit dem Löwen ein vereinzelter war; für gewöhnlich konnte man ruhig seine Spaziergänge machen, ohne solche unangenehme Begegnungen befürchten zu müssen

Es gab zwar noch einen „Löwen der Küste", der sehr viel von sich reden machte, aber das war Herr von Gravenreuth, welcher diesen Ehrentitel von den Eingeborenen erhalten hatte. Ein etwas unheimlicher Gedanke war es, vielleicht einmal in persönliche Berührung mit Buschiri zu kommen und man mußte auf solche Eventualität gefaßt sein, da er den Gerüchten nach, welche mit großer Bestimmtheit auftauchten, ganz in der Nähe sein sollte. Seitdem ich in Bagamoyo den Unglücklichen gesehen hatte, dem auf Befehl Buschiri's beide Hände waren abgehauen worden, weil er im Dienst der Deutschen als Maurer thätig gewesen war, konnte ich nur mit Abscheu und Grauen an den Urheber solcher Gräuelthat denken. —

Anfang Oktober trat ganz unerwartet wieder eine Wendung in meinem Schicksal ein. Ich saß eines Nachmittags auf der Veranda und zu meinen Füßen kauerte Mtoto, dessen Arme immer noch fest in der Mitella ruhten. Aber er vergnügte sich auf seine Weise und machte interessante Straßenstudien an den anderen Mtoto, die da unten herumliefen und glücklicher wie er ihre Glieder frei bewegen konnten. Doch seine Beobachtungen erstreckten sich noch weiter; plötzlich überraschte er mich durch den Ausruf: „Merikebu mkubwa!" (Großes Schiff). Da lief auch wirklich ein stattliches Schiff im Hafen ein, in welchem ich bald die „Naera" erkannte. Das war ein großes Ereigniß im stillen Dar-es-Salaam, wo nur alle 8—14 Tage ein Dampfer eintraf, durch den man dann wieder Nachrichten erhielt von der übrigen Welt. Das Schiff brachte einige Herren aus Sansibar, auch zwei Schwestern von dort, die zur Erholung eine Küstenfahrt machen sollten. Ich freute mich herzlich des Wiedersehens, doch wurde dasselbe getrübt durch eine unendlich traurige Nachricht — Schwester Antonie war gestorben. Man wünschte nun sehr meine Rückkehr nach Bagamoyo, um so mehr, da Schwester Auguste auch sehr angegriffen war und sich eine Zeit lang in Sansibar erholen sollte. So mußte denn geschieden sein von dem reizenden Dar-es-Salaam, aber ganz leicht wurde mir der Abschied nicht, denn ich hatte hier eine schöne stille Zeit verlebt, an die ich immer gern zurückdenken werde. Der Familie Greiner sagte ich Lebewohl mit dem Versprechen, wieder zu kommen, so bald es die Verhältnisse erlaubten, habe aber leider meinen Vorsatz nicht ausführen können. Die „Naera" führte mich über den blauen Ocean nach Bagamoyo zurück, das ich vor noch nicht vier Wochen verlassen hatte. In heiterster Stimmung, mit den Worten „Auf Wiedersehen", hatte ich mich damals von Schwester Antonie, die mich bis nach dem Landungsplatze begleitete, getrennt, nun stand ich tief erschüttert auf dem kleinen deutschen Friedhof, vor dem mit einem Palmenzweige bedeckten, frisch aufgeworfenen Hügel, unter dem ihre irdische Hülle ruhte. Schwester Auguste hatte mich sehr herzlich empfangen; ihre Abreise nach Sansibar verzögerte sich noch etwas und so theilten wir uns in die Arbeit, indem wir uns in der Weise einigten, daß sie die Krankenpflege, und ich den Haushalt übernahm. Auf diesem Arbeitsfeld hatte man als erste Tugend vor Allem wieder eine gehörige Portion Geduld nöthig, da es hier an der Küste noch viel schwieriger war wie in Sansibar, einigermaßen gute Leute zu bekommen; es war gerade zu unglaublich, mit welchem Unverstand und welcher Unzuverlässigkeit man oft zu kämpfen hatte. Der gute portugiesische Koch war gerade abgegangen, seine Stelle nahm ein ganz dummer Negerjunge ein, der zwar die Kühnheit gehabt hatte zu behaupten, daß er kochen könne, dessen Leistungen sich aber gleich Null herausstellten; er wußte kaum wie man Kartoffeln aufsetzte. So erforderte es denn auch hier wieder die Nothwendigkeit, daß man sich Stunden lang selbst an den Kochherd stellte, und mit Todesverachtung den in die Augen beißenden Rauch ertrug, der durch keinen Schornstein einen Abzug fand. Dazu denke man sich das Tropenklima und man wird begreifen, daß ich damals unter dem tiefblauen Himmel Afrikas zwar unter Palmen, aber nicht auf Rosen wandelte und daß ich auf diese Periode meines Lebens als auf eine Prüfungszeit zurückblicke. Als uns nach einiger

Zeit ein guter Koch aus Sansibar zugeschickt wurde, ein Goanese, aus der kleinen portugiesischen Kolonie Goa in Ostindien stammend, so hätte ich dieses Juwel am liebsten in Gold fassen mögen. Der Mann war wirklich ein Genie in seinem Fach und betrieb seine Thätigkeit mit Passion; es kostete ordentlich Mühe, seinem Thatendrang etwas Einhalt zu thun, denn am liebsten hätte er jeden Mittag und jeden Abend ein großartiges Diner zugerichtet. „In Bombay machte ich es so;" „in Bombay liebte man dies und liebte man jenes", das war immer sein drittes Wort und war ihm schwer begreiflich zu machen, daß wir hingegen im Hospital durchaus kein lukullisches Gastmahl wünschten und brauchten, sondern nur einfache gute Kost. Da er aber als echter Künstler aus Allem etwas zu machen verstand, auch jeden Rest gut anzuwenden wußte, also durchaus nicht verschwenderisch war, so that man doch wohl daran, ihn möglichst selbstständig gewähren zu lassen. So weit wäre also die Küchenfrage glänzend gelöst gewesen, aber leider, wie keine Rose ohne Dornen, so war auch die Küchenperle nicht fleckenlos. Der Mann besaß einen entsetzlichen Jähzorn und konnte sich mit den anderen Leuten — die auch seine seltsame Sprache, ein schlechtes Englisch mit Indisch gemischt, natürlich nicht verstanden, in keiner Weise vertragen. So oft ich die Wirthschaftsräume betrat, stürmten Alle auf mich ein, jeder eine Klage vorbringend. Wie mir dabei zu Muthe war, ist schwer zu schildern, am liebsten wäre ich manchmal davongelaufen, wenn es gar zu toll wurde mit dem Streit und Zank, versuchte aber doch lieber Friedensstifter zu spielen und besonders das Verständniß zwischen Koch und Küchenjungen zu vermitteln, indem ich letzterem etwas Englisch und ersterem etwas Suahili beibrachte. Der Kleine konnte es seinem Herrn nie recht machen, dann fing er an zu weinen, während jener raste und tobte und mit jedem Tage aufgeregter wurde, bis endlich ein hitziges Fieber bei ihm ausbrach und er zunächst als kranker und unzurechnungsfähiger Mensch behandelt werden mußte. Das waren die kleinen häuslichen Sorgen, aber es gab damals andere, sehr viel schwerwiegenderer Art, die auf politischem Gebiet lagen und natürlich auch an uns, die wir uns in Bagamoyo im Mittelpunkt der Ereignisse befanden, nicht unberührt vorübergehen konnten. Ungefähr Mitte Oktober, als sich der Reichskommissar, der am 9. September mit einem größeren Corps nach Mpuapua aufgebrochen war, noch im Innern befand, traf die Nachricht ein, daß Buschiri mit den Masitis heranrücke. Letztere waren als die kriegerischsten und wildesten Volksstämme des inneren Afrikas bekannt und bald trafen ganze Schaaren von fliehenden Eingeborenen ein, die von den Gräuelthaten erzählten, welche die wilden Horden beim Einfallen in ihre friedlichen Ortschaften verübt hatten. Es zogen nun drei Truppenabtheilungen gegen den Feind aus: die eine unter Befehl des Hauptmann Richelmann, die andere unter Freiherrn von Bülow und die dritte unter Freiherrn von Gravenreuth, der von Dar=es=Salaam aus aufbrach. Vor dem Lager Buschiris bei Jombo sollten dem Plane nach die verschiedenen Abtheilungen wieder zusammen= treffen. Für uns waren das damals sehr unangenehme Tage; wir konnten nur wenig darüber erfahren, wie sich die Dinge gestalteten und die schrecklichen Gerüchte, welche zu uns drangen, waren nicht ermuthigend. Es hieß, die Zahl der Masitis wäre viel größer, als man erwartet hätte; den verschiedenen Truppenabtheilungen sei es nicht gelungen, sich zu vereinigen und es fehle an Munition; die Ascaris, die solche bringen sollten, wären vom Feinde aufgefangen und getödtet worden; es wurde sogar von der Gefangennahme eines der Führer gesprochen. Wir waren durchaus nicht geneigt allen solchen Unglücksbotschaften Glauben zu schenken, unwillkürlich übten sie aber doch einen niederdrückenden Einfluß auf unsere Stimmung aus. Alle streitbaren Kräfte waren mit zur Expedition verwandt worden, auch unser Doktor war mit fortgezogen und so kamen wir beide, Schwester Auguste und ich, uns wirklich etwas schutzlos und verlassen vor,

vielleicht ungerechtfertigter Weise, da ein Kriegsschiff mit seinen
Kanonen Bagamoyo deckte. Der Chef desselben kam mit
dem Vorschlag zu uns, daß wir uns, im Fall Buschiri käme,
nach der Station flüchten möchten. Wir hätten aber doch
ungern den uns zugewiesenen Posten im Lazareth verlassen
und war es uns eine Beruhigung, als unsere rekonvalescenten
Unteroffiziere erklärten, sie würden im Nothfall das Haus
ganz gut vertheidigen können. Wir beschlossen also da zu
bleiben und erhielten nun in der Nacht eine Wache von acht
Zulus. Der Gedanke, möglicher Weise jetzt die Bekanntschaft
Buschiris zu machen, ließ sich nicht ganz abweisen, denn seine
Ankunft wurde fast mit Bestimmtheit erwartet; man glaubte,
daß er den Versuch machen würde, bei Bagamoyo durchzubrechen.
Aber man wird Fatalist unter solchen Verhältnissen, wir
sagten „Inschallah!" — wie Gott will — und sahen in
ziemlicher Ruhe der Entwickelung der Dinge entgegen. Eines
Morgens kam der kleine Küchenjunge athemlos mit den
Worten in das Zimmer gestürzt: „Bibi! Buschiri ist da,
soll ich die Affen losbinden und das Haus zuschließen?" Trotz
des Ernstes der Situation mußten wir lachen; es war doch
zu spaßhaft, daß der Kleine vor Allem an die Rettung der
Affen dachte, welche zum Vergnügen von Groß und Klein
unten am Hause angebunden waren. Diesmal hatte, wie
schon oft, nur ein leeres Gerücht unsere Leute erschreckt, deren
Phantasie sich in einer wahrhaft kranken Erregung befand.
So vergingen mehrere Tage der Ungewißheit; manchmal
schien es uns, als ob wir Kanonendonner und Trommel=
wirbel hörten, so daß wir ganz in der Nähe ein Gefecht
vermutheten. Flüchtende Wanjamwesi waren öfter vorüber=
gekommen; aber einmal traf eine ganze Schaar ein, die unsere
besondere Aufmerksamkeit auf sich lenkte, da sich die Leute
die Gesichter weiß beschmiert hatten und ein nerven=
erschütterndes Geheul ausstießen. Alles Andere hätten wir uns
eher dabei gedacht, als daß dies einen Triumphgesang über
die geschlagenen Mafitis vorstellen solle.

Am 22. Oktober erhielten wir nun auch die befriedigende Nachricht, daß die deutschen Truppen alle bei Mtoni vereinigt seien und am folgenden Tage zurückkehren würden, denn die Mafitis, welche sich wirklich als sehr tapfere und unerschrockene Gegner bewährt hatten, waren nach heißem Kampf vollständig geschlagen und zersprengt. Die Deutschen hatten wieder bedeutend an Ansehen gewonnen nach diesen letzten siegreichen Kämpfen über die so besonders gefürchteten Mafitis. Buschiri einzufangen war aber leider nicht gelungen, und so durfte man auf ganz gesicherte Zustände noch nicht rechnen, wenn auch vorläufig die Ruhe hergestellt war. Herr Doktor Brehme, der nun auch wieder in das Lazareth zurückkehrte, hatte uns etwas von der Expedition mitgebracht, nämlich einen kleinen Wanjamwesiknaben. Derselbe hatte sich aus der Gefangen=
schaft der Mafitis befreit und in das Lager der Deutschen geflüchtet, wo er mit einem Strick um den Hals ankam und erzählte: Buschiri hätte seinem Vater die Kehle abgeschnitten und seine Mutter mit fortgenommen. Der intelligente Knabe, der so selbstständig in sein Schicksal eingegriffen hatte, erregte aller Interesse und bei uns im Lazareth wurde er bald der allgemeine Liebling. Seinem Äußeren nach mochte Juma — so nannten wir ihn — vielleicht 7 Jahre alt sein, doch verrieth er schon so viel Intelligenz, daß man sein Alter höher schätzen mußte. Er machte sich bald sehr nützlich und war willig und geschickt zu jeder Arbeit. Das beste Porzellan, was die Anderen mit Vorliebe zertöpferten, vertraute ich am liebsten Juma's kleinen Händen an und einst fand ich diesen Musterknaben vor dem Kochherd stehend — auf den er knapp hinaufsehen konnte, — damit beschäftigt: mit der einen Hand eine Sauce zu rühren und mit der anderen Kaffee zu brennen. Man hatte nur darauf zu achten, daß seine Gutmüthigkeit nicht zu sehr von den anderen boys mißbraucht und ihm zu viel aufgebürdet wurde. Er war in der That ein rührend gutes Kind, das sich sogar die Anerkennung des unverträglichen Koches erwarb; „good boy", sagte dieser, ihm die Backen

klopfend. Mir war Juma geradezu ein interessantes Problem. In der Wildniß unter Wilden war dieser kleine Heide auf gewachsen; welcher gute Genius mußte ihm zur Seite gestanden haben, daß er nur gute, gar keine schlechten Anlagen zeigte und zuweilen kam mir der Gedanke, wenn man dieses, gewiß sehr entwickelungsfähige Kind mit nach Europa nähme und zum Christen erziehen ließe, welche Freude könnte man an der Ausbildung seines Charakters und seines Verstandes haben! Leider wurde die Zukunftsfrage über Juma's Schicksal bald in ganz anderer Weise gelöst. Es fand sich eines Tages ein Schwarzer ein, der behauptete der Vater des Kindes zu sein, was eine offenbare Lüge zu sein schien, denn Juma sah den angeblichen Vater mit befremdeten und ängstlichen Blicken an, war aber jedenfalls eingeschüchtert, denn er wollte zuerst nicht recht mit der Sprache heraus. Da kein Druck auf ihn ausgeübt werden sollte, fragten wir ihn, ob er bei uns bleiben, oder mit dem Manne fortgehen wolle. Die Wahl schien ihm nicht schwer zu werden. „Na taka kaa hapa" (ich möchte gern hierbleiben) sagte er, uns bittend ansehend, und so wurde der fremde Mann mit seinen jedenfalls ungerechtfertigten Ansprüchen abgewiesen und ihm verboten, ferner das Lazareth zu betreten. Nach einigen Tagen aber war unser Schützling verschwunden und ist keine Spur wieder von ihm aufgefunden worden; offenbar war er gewaltsam entführt. Ich war wahrhaft betrübt darüber und noch jetzt beschäftigt mich oft der Gedanke, was wohl aus unserem kleinen Juma geworden sein mag! —

Am 25. Oktober reiste Schwester Auguste nach Sansibar und nahm den zanksüchtigen Koch mit fort. Seine Unverträglichkeit war immer schlimmer geworden, in der Küche herrschte Zank und Streit ohne Unterlaß und gütliches Zureden half nichts mehr, da der Mann überhaupt nicht ganz zurechnungsfähig, sondern entschieden etwas verrückt war. Nach dem überstandenen Fieberanfall zeigte er ein so seltsames Wesen, daß es uns geradezu gefährlich schien, ihn in der

Küche ferner frei schalten und walten zu lassen. Freiwillig hätte er sich in seine Verabschiedung nicht gefügt und so wurde ihm freundlich vorgestellt, daß es bei seiner angegriffenen Gesundheit für ihn nothwendig sei, sich ein wenig in Sansibar zu erholen. So gelang es, ihn glücklich aus dem Hause zu entfernen und der frühere Koch, der wegen Unfähigkeit war entlassen worden und der wenigstens die gute Eigenschaft besaß, nicht empfindlich zu sein, wurde wieder in Gnaden angenommen. Es wird den Eindruck machen, als hätten die Haushaltungssorgen, auf die ich immer wieder zurückkomme, eine übertrieben wichtige Rolle in meinem Leben in Afrika gespielt; aber es war in der That dort nothwendig, die materielle Seite des Lebens mit einiger Wichtigkeit zu behandeln. Sehr leicht, besonders wenn die Nahrung eine zu einförmige war, ging der Appetit verloren, was in den dortigen ungünstigen klimatischen Verhältnissen stets bedenklich war, denn der geschwächte Körper verfiel leicht dem Fieber und besaß nicht genug Widerstandskraft dasselbe zu überwinden. Sich gut zu nähren war also ein Haupterforderniß für die Gesunden und was die Kranken und Rekonvaleszenten anbetraf, so war es natürlich erst recht nothwendig, dafür zu sorgen, daß sie passende und gut zubereitete Kost erhielten. Oft bin ich gefragt worden, was wir in Afrika gegessen und getrunken hätten und bin ich dabei den wunderlichsten Ansichten begegnet. Unsere Lebensweise war von der gewohnten in der Heimath durchaus nicht sehr abweichend und überließen wir es den Eingeborenen, sich an Negerhirse, süßen Kartoffeln, Mais und Maniok gütlich zu thun oder, was ihnen stets das Liebste ist, große Quantitäten von in Wasser gekochten Reis zu verschlingen, dem sie nur etwas Nazi — das ist der ausgepreßte Saft des Fleisches der reifen Kokosnuß — hinzufügen. Solche Genüsse wurden wohl probeweise einmal versucht, doch konnte man ihnen keinen Geschmack abgewinnen. Besser zu würdigen wußte man die schönen Früchte, welche das Land producirt. In Sansibar hatten wir in den köstlichsten Apfelsinen, Mandarinen und Bananen geschwelgt, die leider an der Küste fast garnicht zu haben waren. Ananas gab es aber in solcher Fülle, daß wir sie nicht nur roh, sondern auch in Scheiben aufgebacken aßen und zu Mehlspeisen verwendeten. An die Mangos, die eine crêmeartige Masse enthalten, die wir, nachdem die Frucht auseinandergeschnitten war, mit dem Löffel aßen, mußte ich mich erst gewöhnen, fand aber später recht viel Geschmack daran. Im unreifen Zustande, wenn sie noch hart sind, liefern sie, in Scheiben geschnitten und mit viel Zucker in Wasser gekocht, ein vorzügliches Compot, welches durch Zusatz von ein wenig Cognac noch verbessert wurde. Wir haben dasselbe massenhaft zu Marmelade eingekocht, die von den Kranken sehr gern auf Brod gegessen wurde. In Betreff der Getränke waren die Meisten der Ansicht, daß sich das heimathliche Bier kaum entbehren ließe und wurde dasselbe auch in genügender Menge importirt, daß, wer Verlangen danach trug, seinen Durst damit löschen konnte; doch wurde auch französischer Rothwein und Rheinwein getrunken. Mir persönlich war Kokosnußmilch mit etwas Rothwein gemischt ein höchst sympathisches und erfrischendes Getränk, welches ich dem Genusse von Wein und Bier in den Tropen immer vorziehen würde; auch Limonenwasser mit ein wenig Rothwein liebte ich sehr. War man für gewöhnlich mäßig im Genuß geistiger Getränke, dann übte ein Glas starker Wein, im Zustande der Erschöpfung und Schwäche ausnahmsweise genossen, oft eine wunderbar belebende Wirkung aus. Eine große Wohlthat gewährten die Conserven; aber es war auch auf der Station ein kleiner Garten angelegt, in welchem europäische Gemüse gezogen wurden und konnten wir unseren Bedarf für das Lazareth dort entnehmen. Schwerer war es, gutes Fleisch zu erreichen. Jeden Morgen wanderte ich, vom Küchenjungen begleitet, auf den Markt, um selbst Umschau zu halten unter allen für die Küche verwendbaren Waaren. An guten Fischen fehlte es fast nie und konnte man dieselben auch billig bekommen. Unter dem Fleisch war die Auswahl nicht groß, es handelte sich, wenn man nicht immer Hühner essen wollte, nur noch um Rind oder Ziege, beides oft von recht zweifelhafter Güte. Wenn ich nun nach dem Grundsatz „Prüfe Alles und behalte das Beste" ein mir gut scheinendes Fleischstück in das Auge gefaßt hatte, so begann, da keine Taxe für die Fleischpreise existirte, ein umständlicher Handel, wobei ich mit einer gewissen Taktik vorging, die selten ohne Erfolg war. Nach dem ersten unverschämten Angebot wendete ich verächtlich lächelnd den Rücken, worauf man mich, dessen konnte ich ganz sicher sein, stets wieder zurückrief, indem zugleich ein niedrigerer Preis geboten wurde. Nach ungefähr fünf Minuten — Geduld mußte man natürlich haben — wurden wir handelseinig und ich kehrte mit dem erhebenden Bewußtsein vom Markte zurück, der Reichskasse, aus welcher das Wirthschaftsgeld floß, einige Pesas erhalten zu haben. Die kursirende Münze, mit der es sich ganz gut rechnet, ist die indische Rupie, die ungefähr dem Werth von 1 Mark 60 Pf. entspricht; die Rupie wird in 16 Anna getheilt und diese in 4 Pesa. Das war stets ein außerordentlich buntes, lebensvolles Bild, welches sich mir auf dem Marktplatze bot und zuerst kam ich mir doch etwas seltsam vor unter diesem wunderlichen Volk, welches sich da herumtrieb; aber schneller, als ich es selbst für möglich gehalten hätte, wurde mir die Umgebung vertraut und ich fühlte mich bald so heimisch in den fremdartigen Verhältnissen, als hätte ich nie in anderen gelebt. Nach Schwester Augustens Abreise war ich sogar eine Art Unikum, als einzigste weiße bibi in Bagamoyo; ich hatte mich erst ein wenig davor gefürchtet, doch kam mir dann im Drang der Geschäfte meine Vereinsamung kaum zum Bewußtsein. Wenn ich vom Markte zurückkam, war gewöhnlich gerade Zeit um das zweite Frühstück für die Kranken zu besorgen. Dann plättete ich die Wäsche, welche ich von einer Negerin im Hause hatte waschen lassen. Diese so harmlose Beschäftigung war aber unter obwaltenden Umständen sehr aufregend für mich, da ich stets gewärtig sein mußte, daß während meiner Abwesenheit etwas Dummes in der Küche passirte. Ob auch wohl der Koch die Sauce oder den Pudding, welchen ich eingerührt hatte, zur rechten Zeit vom Feuer nahm? War das nicht ein ganz merkwürdiger Duft, der da plötzlich aus der Küche herausdrang und mich das Schlimmste ahnen ließ. Schnell wird der heiße Stahl bei Seite gesetzt, und ich stürze in die Küche, um noch zu retten, was vor dem Anbrennen zu retten war und um den faulen Mpischi, der sanft in Morpheus Armen ruhte, nicht gerade mit sanfter Stimme zu seiner Pflicht zurückzurufen. Da am Abend nochmals warm gegessen wurde, so war der Nachmittag ebenfalls nicht von Küchensorgen frei. Es befanden sich auch damals ungewöhnlich viele Kranke im Lazareth, sodaß meine Zeit von früh bis spät in Anspruch genommen war und erst im Abend=dunkel schöpfte ich ein wenig Luft vor der Thüre des Hauses. Die beiden hier angebundenen Affen versuchten dann, mir durch eine innige Umarmung ihre Freude an meiner Gesell=schaft kundzugeben, und die Eingeborenen, welche vorüber=gingen, begrüßten mich mit einem freundlichen „Jambo bibi!" Wenn ich den Gruß eben so herzlich erwiderte, faßten sie wohl den Muth, heranzutreten und ein wenig Conversation zu machen. Daß dieselbe sehr geistreich aus=gefallen wäre, will ich nicht behaupten, denn der Ideenkreis meiner schwarzen Freunde war — ich muß es zugeben — ebenso wie mein Wortreichthum in der Suahilisprache einer gewissen Beschränktheit unterworfen. Ein alter Araber hatte sich in den Kopf gesetzt, von mir Deutsch zu lernen, aber der gute Wille und lobenswerthe Wissensdrang war größer wie sein Sprechtalent, denn jeden Abend wiederholte sich das=selbe Spiel, daß er auf Mund, Nase, Augen, Ohren und seine anderen Glieder tippte und sich bemühte, die deutschen Worte, die ich ihm nannte, nachzusprechen, um sie dann bis zum folgenden Tage wieder zu vergessen. Wenn er sich ver=abschiedete, so geschah es gewöhnlich mit dem würdevollen Gruß des Muhamedaners; er berührte mit der Hand seine

Stirn, sein Herz und deutete dann auf mich, was bedeuten sollte: Mein Kopf, mein Herz, Alles gehört dir. — Einmal erhielten wir eine ganz unerwartete und ganz unverhoffte Einquartirung. Der Reichskommissar, welcher am 31. Oktober zur Freude Aller frisch und wohl von seiner fast achtwöchentlichen beschwerlichen Expedition in das Innere zurückkehrte, brachte einen englischen Missionar, von Frau und Kind begleitet, mit. Die Familie hatte sich von Mpuapua aus den Deutschen bis nach der Küste angeschlossen, und da erst einen Tag später ein Schiff nach Sansibar ging, so waren die Engländer unsere Gäste. Das Geschrei der zweijährigen kleinen Bessy, welche ihrem Mißfallen über die ungewohnte Umgebung in sehr durchdringenden Tönen Luft machte, nahm sich merkwürdig genug aus im Kriegslazareth, aber der Verkehr mit der liebenswürdigen und bescheidenen jungen Frau, die nur immer in Sorge war, daß ihre Anwesenheit zu viel Mühe machen könne, gewährte mir aufrichtiges Vergnügen, und sie selbst konnte mir nicht genug ihre Freude darüber aussprechen, einmal wieder mit einem gleichgestimmten weiblichen Wesen zusammen zu sein, denn auf der einsamen Station in der afrikanischen Wildniß hatte sie Jahre lang, außer ihrem Mann und ihrem Kinde, nur Schwarze gesehen. Auch Herren, die aus dem Innern kamen, wurden im Lazareth einquartirt. Es war eine ganz besonders unruhige Zeit, die ich während Schwester Augustens Abwesenheit durchlebte, und als dieselbe nach zwölf Tagen zurückkehrte, war ich auch gerade mit meinen Kräften fertig. Zum erstenmal während meines Aufenthalts in Afrika — denn bis dahin war mir das Klima merkwürdig gut bekommen — fühlte ich mich elend, und als ich nach einer vollständig schlaflosen Nacht aufgestanden war, überrieselte mich ein kalter Schauer, indem mir schwarz vor den Augen wurde. Nun wird mich wohl das Fieber gepackt haben, dachte ich, und war keines Gedankens weiter fähig, denn wie ich später hörte, bin ich ohnmächtig umgefallen. In Schwester Augustens Armen er-

wachte ich), und nachdem ich mir einen halben Tag absolute
Ruhe im Bette gegönnt hatte, gewann meine gute Natur
wieder die Oberhand, und die erschöpften Kräfte waren
restaurirt.

Aber es kamen nun doch Tage, von denen ich sagen
konnte: „Sie gefallen mir nicht." Die Novembersonne, die
man stets in der nordischen Heimath freudig begrüßt, wenn
sie sich ausnahmsweise Bahn bricht durch den grauen Wolken=
schleier und ein paar freundliche Strahlen zur Erde herab=
sendet, meint es doch gar zu gut mit den Tropenbewohnern;
die intensive Gluth, welche sie verbreitet, wird nun auch in
dieser Jahreszeit nicht mehr durch den Südwest=Monsum
gemildert; der Nordwest=Monsum, der dann weht, ist sehr
viel schwächer. Weniger wie 25° R. hatten wir fast nie im
Zimmer. Man suchte wohl Erholung am Meere und freute
sich des frischen Luftzuges; aber den nervenstählenden Hauch
der deutschen Wälder oder nordischen Meere spürte man
doch nicht; bleiern schwer fühlte man die Treibhausatmosphäre
auf sich ruhen. Glühende Hitze bei Tage, drückende Schwüle
des Nachts, wer konnte da Schlaf finden! Ich hatte den
meinigen fast ganz verloren und verbrachte meistens recht
qualvolle Nächte. Eine große Plage dieser Gegenden, an
welcher ich sehr litt, ist eine Hautkrankheit, der „rothe Hund"
genannt. Durch die feuchtheiße Luft, in welcher die Haut=
oberfläche nicht genügend verdunsten kann, wird leicht eine
Art Friesel erzeugt, das sich oft über den ganzen Körper
verbreitet und ein ganz unerträgliches Stechen, Jucken und
Brennen verursacht. Schlaflosigkeit und hochgradige Nervosi=
tät, sind, wenn die Krankheit lange anhält, die gewöhnlichen
Folgen, und darf man sich nicht wundern, wenn ein vom
„rothen Hund" geplagter Mensch oft recht reizbar und un=
liebenswürdig wird. Zum Trost wird immer gesagt, daß
der „rothe Hund" das Gute habe, das Fieber zu verscheuchen;
aber das ist auch nur ein zweifelhafter Trost. denn bei
Vielen, die von ihm befallen waren, kam es vor, daß er

auf einige Tage wich, um dem Fieber Platz zu machen und sich wieder einstellte, als dasselbe vergangen war; also durch aus keinen absoluten Schutz gegen dasselbe gewährt. Ich überlegte damals mit meiner Gefährtin, wer wohl von uns die meisten Kräfte übrig hätte, um dem Klima ferner zu widerstehen. Schwester Auguste hatte aber schon in zweijähriger Arbeit in Afrika ihre Gesundheit zugesetzt, und sehnte sich sehr danach, auf einige Monate zur Erholung nach Hause zu reisen. So versprach ich, bis auf Weiteres in Bagamoyo zu bleiben, und sie fuhr am 1. September mit einem der Wißmann-Dampfer nach Sansibar, um sich von dort nach Deutschland einzuschiffen. In das Lazareth war um diese Zeit eine tüchtige Hülfe gekommen durch eine Frau Schöler, welche das Unglück gehabt hatte, ihren Mann, der Beamter in den Colonien gewesen war, zu verlieren, und die sich nun im Hause nützlich und besonders dadurch verdient machte, daß sie die Küche sehr gut verstand.

Tief in meine Erinnerung eingeprägt, wird immer der denkwürdige Tag bleiben, an welchem Stanley und Emin Pascha in Bagamoyo eintrafen. Der ganze Ort war zu Ehren der beiden berühmten Afrika-Reisenden festlich geschmückt, einem wahren Palmenwalde vergleichbar, und unter dem Donner der Geschütze von dem Fort und dem deutschen Kreuzer „Sperber" zogen die beiden Gefeierten am Morgen des 5. September ein. Ein jedes deutsche Herz schlug wohl in warmer Theilnahme dem tapferen Landsmanne entgegen, der mit seltener Energie und Thatkraft unter den schwierigsten Verhältnissen seinen Posten in der entlegenen Aequatorialprovinz so lange behauptet hatte, bis er, der eisernen Nothwendigkeit Rechnung tragend, es nicht mehr vermeiden konnte, dem angeblichen Retter zu folgen. Nun war nach unendlich vielen Mühseligkeiten und Entbehrungen die Küste erreicht, die beiden Männer, deren Schicksal lange Zeit das ganze zivilisirte Europa mit Spannung verfolgte, hatten alle Gefahren des dunkeln Welttheils glücklich überstanden. Dies frohe Ereigniß wurde durch ein glänzendes Bankett Abends auf der Station der Offiziere gefeiert. Wie traurig dasselbe endete, ist allgemein bekannt. Tiefe Stille herrschte Abends elf Uhr bei uns im Lazareth, und ich wollte mich gerade zur Ruhe niederlegen, als ich Stimmen vor dem Hause und gleich darauf Männertritte auf der Treppe hörte. In der Vermuthung, daß man irgend einen Kranken brächte, kleidete ich mich schnell wieder an und finde das Krankenzimmer erster Klasse bereits mit Herren gefüllt, die das Lager eines schwerverletzten Mannes, anscheinend eines Sterbenden, umstehen; „Emin Pascha," flüstert man mir zu. Trotz der vielen Menschen herrschte eine feierliche, fast lautlose Stille, Alle schienen tief ergriffen. Schnell wurde nun das Nöthigste herbeigeschafft und die erste Hülfe geleistet, wobei der Patient in seiner tiefen Betäubung verharrte. Die Erschütterung bei dem Sturz aus dem Fenster mußte eine furchtbare gewesen sein, besonders auf der rechten Kopfseite; es kam Blut aus dem Ohre, und das rechte Auge war dick verschwollen. Später ist ein Schädelbruch, zwei Rippenbrüche und eine Hüftverrenkung konstatirt worden. Nur nach und nach zogen sich die Umstehenden zurück, welche durch Theilnahme und Besorgniß noch längere Zeit festgehalten wurden, und so war es wohl Mitternacht geworden, bis sich die letzten entfernt hatten und ich mit Herrn Doktor Brehme und dem freiwilligen Krankenpfleger Hinz allein am Krankenlager zurückblieb. Es war eine bange, sorgenschwere Nacht, denn der Zustand des Kranken schien ein fast hoffnungsloser. Er sprach einige Worte und Sätze in englischer Sprache, aber offenbar ohne bei Besinnung zu sein. Nach einigen Stunden dämmerte aber plötzlich das Bewußtsein in ihm auf; er blickte um sich und schien zu begreifen, daß er in einem Hospital und unter Deutschen war. „Das thut mir aber leid, daß ich Ihnen hier so viele Mühe mache," sagte er, und das waren die ersten zusammenhängenden Worte, welche ich von ihm vernahm; sind dieselben nicht bezeichnend für den Charakter dieses seltenen

Mannes, der im schwersten Leiden nicht an sich, sondern zuerst an seine Umgebung dachte. Er litt unsäglich die ganze Nacht hindurch; jede Bewegung, jede Veränderung seiner Lage bereitete ihm auch die nächsten Tage noch die fürchterlichsten Qualen und nur unter den größten Beschwerden vermochte er zu schlucken, so daß er nur mühsam etwas flüssige Kost zu sich nehmen konnte. Aber er ertrug Alles mit einer geradezu bewunderungswürdigen Geduld und Ergebung; war stets liebenswürdig, voller Rücksicht und Zartgefühl gegen seine Umgebung und dankbar für jede Aufmerksamkeit, die ihm erwiesen wurde. Nur die größte Hochachtung kann ich vor diesem Manne empfinden, der sich auch im Leiden so groß zeigte. Seine höchste Freude war sein Töchterchen, ein bildhübsches siebenjähriges Kind, mit fein geschnittenen Gesichtszügen und dem dunklen Teint der Südländerinnen; seine Mutter, die es vor mehreren Jahren verloren hatte, war eine Abessynierin gewesen. Die seelenvollen dunklen Augen wurden noch durch lange seidene Wimpern verschönt. Das Kind hielt sich mit seiner arabischen Erzieherin fast den ganzen Tag im Lazareth auf, damit sein Vater, so oft er danach verlangte, seinen Liebling sehen konnte. Die kleine Ferida war wirklich ein selten gutes und verständiges Kind, geradezu ein kleines Wunder, denn wie Doktor Parke versicherte, hatte sie während der ganzen Expedition, wo sie oft Hunger und Durst leiden mußte, nicht einmal geweint. — Unter den vielen Herren, welche jetzt im Lazareth ein und ausgingen, war auch Stanley, den ich im Krankenzimmer Emin Pascha's kennen lernte, als er kam, um sich nach demselben zu erkundigen. In seiner Erscheinung frappirte mich das fast ganz weiße Haar, zu dem das noch ziemlich jugendliche Gesicht einen scharfen Kontrast bildete; dann fielen mir die ungewöhnlich lebhaften blauen Augen auf; in dem durchdringenden Blick lag vielleicht der Zauber, durch den die Wilden so oft waren gebändigt worden. —

Als Schwester Auguste hörte, daß Emin Pascha schwer

verletzt bei uns im Lazareth läge, wollte sie doch nicht unthätig in Sansibar auf den Abgang eines Schiffes nach Europa warten, sondern gab den Gedanken an eine Abreise zunächst auf und kehrte nach Bagamoyo zurück, um ihre Kräfte dem Schwerkranken zu widmen.

Ich war bald darauf genöthigt nach Sansibar zu gehen, da Schwester Amalie Oberkobusch ihrer Gesundheit wegen nach Deutschland reisen mußte und Schwester Henriette nun allein im Missionshospital zurückblieb, welches ganz mit Kranken gefüllt war, sodaß man dort dringend nach mehr Hülfe verlangte. Emin Pascha befand sich in sorgsamster Pflege, denn außer dem in Bagamoyo stationirten Doktor Brehme war auch der Marinearzt Doktor Lotsch fast fortwährend um ihn und der englische Arzt Doktor Parke, der sich schon während der Expedition sehr an Emin Pascha angeschlossen hatte und denselben fast wie einen Vater liebte und verehrte, wich Tag und Nacht kaum von seiner Seite, bis er nach kurzer Zeit selbst sehr schwer am Fieber erkrankte. — Meine Einschiffung nach Sansibar ging nicht ohne ein kleines Abenteuer von Statten. Da gerade Ebbe war und das Boot, welches mich dem Kriegsschiffe zuführen sollte, ungefähr fünf Minuten vom Strande entfernt auf mich wartete, blieb mir nichts anders übrig, als von dem landesüblichen Beförderungsmittel Gebrauch zu machen und die Strecke auf dem Rücken eines Schwarzen zurückzulegen. Diese Art der Personenbeförderung ist ohne Zweifel ein Vergnügen eigener Art, aber ich hatte es schon einigemal durchgekostet, war also daran gewöhnt und sah nichts Außerordentliches mehr darin. Guten Muthes vertraute ich mich dem breiten Rücken eines Wanjamwesi an, merkte aber bald, daß der Mensch sehr unsicher auf seinen Füßen war und große Neigung zu haben schien, sich seiner, doch nicht allzuschweren Last zu entledigen. Das Wasser war schon sehr hoch und das Boot noch in bedenklicher Ferne. Die schreckliche Ahnung dämmerte in mir auf, daß ich dasselbe, wenn überhaupt, ganz gewiß nicht trocken erreichen

würde; doch noch schneller, als ich dachte, ereilte mich mein Schicksal. Plötzlich lag ich mit dem ungeschickten Träger zusammen im Meere und die Wogen brausten über uns hinweg. Mit aller Anstrengung arbeitete ich mich nun selbst durch die schon recht hochgehenden Wellen hindurch und hatte gerade noch soviel Kraft, mich in das Boot zu schwingen, in welchem ich ganz erschöpft niedersank, wobei mir die Worte entschlüpft sein sollen: „O Afrika, hätte ich dich nie gesehen!" Diese pessimistische Stimmung hielt übrigens nicht allzulange an; als ich eine Stunde später, wohl geborgen auf dem hübschen Kriegsschiffe, dem „Sperber", in trockener Kleidung und durch eine Tasse Chokolade erfrischt, mich auf den blauen flimmernden Wellen des Oceans schaukelte, da dachte ich: „Afrika ist doch ein schönes Land trotz Alledem." Da der liebenswürdige Kommandant dafür gesorgt hatte, daß ich sogleich mein Gepäck erhielt und mich umziehen konnte, so hatte das unfreiwillige Seebad meiner Gesundheit in keiner Weise Schaden gebracht. In Sansibar wurde ich sehr herzlich von den Schwestern empfangen, ich freute mich aufrichtig des Beisammenseins mit ihnen nach Monate langer Trennung und auch daß ich das Weihnachtsfest mit ihnen zusammen feiern konnte. Ein grünes Weihnachten, bei 25° R. und kein Tannenbaum! Konnte denn da die richtige Weihestimmung kommen? Nun man mußte sich zu helfen wissen. Als die große offene Halle oben im Hause mit Palmenzweigen ge=
schmückt war, da machte sie doch einen ganz feierlich festlichen Eindruck und der reich verzierte Apfelsinenbaum, der inmitten der großen Tafel prangte, auf welcher die Geschenke ausge=
breitet lagen, konnte sich auch sehen lassen. In freudiger Aufregung und in emsiger Geschäftigkeit wurden die Vor=
bereitungen zum Abend getroffen. Selbst die Schwarzen sahen vergnügt aus; ob sie wohl eine Ahnung hatten von der hohen Bedeutung des Tages? Ich fürchte, daß sie von der ganzen Sache nicht mehr begriffen, als daß die Fremden heute ein besonders großes Fest feierten und da lächelten sie

verschmupt und sagten sich mit schlauer Berechnung, daß bei solcher Gelegenheit der Msungu freigiebig ist und es ihm auf ein Trinkgeld mehr oder weniger nicht ankommt. Daß gerade keine Schwerkranken im Hause waren und die zwölf Matrosen, welche in der Baracke lagen, sich alle wohl genug befanden, um an der Feier theilzunehmen, war eine besondere Freude und als nun Abends der festlich geschmückte Raum, in den der warme Seewind von allen Seiten hereinstrich, im hellen Lichterglanz erstrahlte und die bekannten Weihnachts= lieder in die sternenklare Tropennacht hinausschallten, da war wohl ein Jedes im tiefsten Innern bewegt. Gedachte man auch sehnsuchtsvoll der Heimath, der man so fern war, so konnten doch Gefühle der Wehmuth nicht die Oberhand ge= winnen. Wenn auch räumlich weit getrennt, im Geiste war man doch vereint mit allen seinen Lieben und eigentlich war es doch auch nur Einbildung, daß winterliche Kälte und Eis und Schnee zum Weihnachtsfest gehörten. Unter Palmen und von den lauen weichen Lüften der Tropennacht umfächelt, ließ es sich eben so gut feiern, wenn es nur im echt christlichen Geiste geschah, im Gedanken an den, der zum Heil Aller in die Welt gekommen ist. So herrschte denn auch allgemein eine gehobene Stimmung und als man sich später wie sonst gute Nacht wünschte, da fügte man hinzu: welch' wunder= schönen Weihnachtsabend haben wir doch verlebt. Am ersten Feiertagsmorgen erfrischte ein tüchtiger Regenguß das Laub der Bäume und die Lebensgeister der Menschen und die schöne Weihnachtspredigt, welche der Missionar Krämer hielt, bewegte und erhob das Gemüth. Alles prangte im frischesten Grün, gleichsam als hätte die Natur ein besonderes Fest= gewand angelegt. — Das Jahr 1889 beschloß ich wachend in der Baracke. Tiefe Stille herrschte um mich her und auch der Kranke, um dessen willen die Wache nöthig war, da er an plötzlichen Krampfanfällen litt, wobei er nicht allein bleiben durfte, lag in festem Schlummer. So konnte ich ungestört meinen Gedanken nachhängen. Eine Reihe wechselvoller

Bilder zogen an meinem inneren Auge vorüber. Welch' ein bewegtes Jahr war das vergangene gewesen! Reich an Mühen und Beschwerden, wie ich sie noch nie durchgemacht hatte, aber auch reich an neuen Eindrücken mannichfachster Art. Es hatte mir Erfahrung und Belehrung gebracht und um keinen Preis hätte ich es aus meinem Leben ausstreichen mögen; nur mit tiefem Dankgefühl konnte ich darauf zurückblicken. Um Mitternacht verkündeten Kanonenschüsse von den Schiffen aus abgefeuert den Jahreswechsel; einige von den Kranken erwachten und erhielt ich von ihnen die ersten Glückwünsche zum Jahre 1890. Ernst blickt man in einem solchen Moment in die Zukunft, wie wird sie sich gestalten? Wahrscheinlich ganz anders, als wie man erwartet; nun, das ruht in Gottes Hand! Je älter man wird und je mehr man das Leben mit seinen Wechselfällen kennen lernt, um so mehr lernt man sich bescheiden in seinen Wünschen und Hoffnungen. Was auch eine weise Vorsehung über uns verhängen mag, es muß doch Alles zum Besten führen. —

Bevor das Jahr zu Ende ging hatte ich noch Doktor Parke im französischen Hospital besucht, wo er an einem so hartnäckigen Fieber darniederlag, daß man an seinem Aufkommen zweifelte. Der frische und blühende junge Mann, der jetzt die gelbe Farbe der Fieberkranken hatte und nur mit leiser matter Stimme reden konnte, war kaum wieder zu erkennen. Rührend kam es mir vor, daß er, obwohl nur halb bei Besinnung, denn Vieles war ihm ganz aus dem Gedächtniß geschwunden, sich fortwährend in seinen Gedanken mit Emin Pascha beschäftigte; daß er denselben in seiner Krankheit hatte verlassen müssen, schmerzte ihn tief. Die einzige Rettung für Doktor Parke erhoffte man durch Luftwechsel und so wurde er im Zustand der höchsten Schwäche auf das Schiff gebracht, welches am 31. Januar nach Aegypten abging. Dort habe ich ihn später in voller Gesundheit wiedergesehen; die Seeluft hatte geradezu Wunder gewirkt und ihn unerwartet schnell hergestellt. —

Um diese Zeit hatte ich auch Gelegenheit Cajau kennen zu lernen, der einen recht günstigen Eindruck auf mich machte und gefiel es mir besonders, daß er mit so warmer Theilnahme von Emin Pascha sprach. Letzterer machte uns Mitte Januar noch einmal Sorge. Es kam die Nachricht, sein Befinden habe sich verschlimmert, es sei ein Rückfall eingetreten und eine Operation würde vielleicht nöthig sein. In diesem Falle wollte man ihm zureden sich nach Sansibar bringen zu lassen. Der Chefarzt ging nach Bagamoyo um den Kranken selbst zu sehen und wir machten im Hospital, um für alle Fälle vorbereitet zu sein, das beste Zimmer zurecht, welches wir so gut ausstatteten und verzierten, als es die Mittel irgend erlaubten. Zum Glück war unsere Vorsorge eine unnütze gewesen; zu meiner großen Beruhigung hörte ich, daß sich der Zustand schon wieder gebessert habe und man an der Hoffnung einer zwar langsamen, aber gänzlichen Wiederherstellung festhalten könne. Schwester Auguste Herzer war immer noch die treue Pflegerin des Kranken. — Mehrere Wochen verstrichen ziemlich ruhig ohne besondere Ereignisse und Aufregungen. Wir hatten zwar viele Kranke im Hause, doch befanden sich die meisten auf dem Wege der Rekonvaleszenz, machten darum nicht zu viele Mühe. Das Dienstpersonal war damals im Missions-Hospital verhältnißmäßig recht gut, die Leute hatten sich in ihre Arbeit eingelebt und besaßen sogar den Ehrgeiz zuweilen etwas selbstständig thun zu wollen, was allerdings nicht immer ganz glücklich ausfiel. Ich hatte die Gewohnheit Morgens, bald nach sechs Uhr herunter in die Küche zu gehen, um das Frühstück für das Haus zu besorgen. Es mußte dabei den verschiedenen Wünschen und auch dem Gesundheitszustand der Einzelnen Rechnung getragen werden: der Eine sollte Kaffee, ein Anderer Thee, Chokolade oder Milch haben; also war die Sache doch einigermaßen komplicirt, sodaß ich sie nicht gern den Leuten allein überließ. Eines Morgens kamen mir nun Mussa und Abdallah mit strahlenden Gesichtern entgegen und meldeten, daß sie schon Alles allein besorgt hätten. Der Wille war jedenfalls gut gewesen, die Ausführung aber traurig, denn die Getränke stellten sich als ungenießbar heraus. Doch hätte ich nun sehr gescholten, dann wären die schwarzen Jungen, in dem Bewußtsein es gut gemeint zu haben, tief gekränkt gewesen und so mußte ich wenigstens, indem ich mir ferner solche Selbstständigkeit verbat, ein anerkennendes Wort über den Diensteifer sagen. Dem Abdallah konnte man sonst wohl mancherlei anvertrauen, besonders war er stolz darauf, wenn er einem Kranken einen Dienst erweisen durfte und fügte man hinzu, wenn man ihm einen Auftrag gab: „Ich weiß Abdallah, auf Dich kann ich mich verlassen", so verfehlten diese Worte selten ihre Wirkung; er bemühte sich dann das in ihn gesetzte Vertrauen nicht zu täuschen. Er war jedenfalls ein sehr bildungsfähiger Mensch und hatte sich auch etwas Deutsch angeeignet; ich war manchmal ganz erstaunt, wenn er irgend einen Satz ganz richtig und genau in demselben Tonfall, wie er ihn gehört hatte, bei der ersten besten Gelegenheit wieder anbrachte. Ueberhaupt habe ich öfter ein recht gutes Gedächtniß an den Negern bemerkt, was wohl daher kommen mag, daß sie, des Schreibens unkundig, sich stets auf dasselbe verlassen müssen. — Gegen Ende Januar fühlte sich Schwester Henriette recht elend; sie hatte schon öfter am Fieber gelitten, aber die Anfälle wurden jetzt heftiger und schwächten sie sehr. Daß ich immer gesund blieb, sah ich als eine besondere Schicksalsgunst an und kam mir nun fast wie gefeit vor gegen die Malaria. Aber mit einem male fühlte ich eine bleierne Schwere in den Gliedern; sollten das doch die Vorboten des Fiebers sein? ich mochte es durchaus nicht glauben. Am Morgen des 30. Januar hatte meine Temperatur eine bedenkliche Höhe erreicht, ich wollte aber dem Fieber durchaus keine Gewalt über mich gewinnen lassen und ging, allerdings fast traumwandelnd, noch meinen Beschäftigungen nach. Bei Tische war es mir nicht möglich einen Bissen zu genießen und empfand ich das Verlangen, mich ein wenig hinzulegen. Als ich nach einer

Stunde aufstehen wollte, taumelte ich gleich wieder auf mein Lager zurück, denn wie gelähmt an allen Gliedern war es mir nicht möglich einen Schritt zu gehen und der Kopf war mir so schwer, daß ich kaum denken konnte. Was sollte nun werden? Wir beide, Schwester Henriette und ich krank! Die Krankenpfleger fieberten auch häufig und waren abwechselnd dienstunfähig. Die einzige Hoffnung beruhte darauf, daß mit dem französischen Schiff, Anfang Februar, eine Schwester aus Deutschland eintreffen würde; es war uns ja eine solche von Berlin her in Aussicht gestellt. Die Hoffnung wurde diesmal nicht getäuscht und wir begrüßten Schwester Amalie, vom Clementinenhause in Hannover, wie einen rettenden Engel. Sie war zwar nicht für das Missions=Hospital bestimmt, erklärte sich aber gleich bereit, dort, wo die Noth am größten, mit auszuhelfen. Ich fühlte mich während einiger Tage so elend, daß ich, zwar nicht muthlos, aber doch um für alle Fälle gesorgt zu haben, einen Brief nach Hause schrieb, mit der Aufschrift: „Nach meinem Tode abzuschicken." Es hatte sich, wahrscheinlich durch einen Stich veranlaßt, eine recht schlimme rosenartige Entzündung an meinem Fuße gebildet und war dies die Ursache des Fiebers gewesen, welches übrigens bald nachließ. Aber die Sache schien langwierig, so oft ich versuchte aufzutreten, wurde die Schwellung wieder bedeutender und mußte ich mich, dem Gebote des Herrn Doktors folgend, zu absoluter Ruhe verurtheilen. In einem bequemen Stuhle lag ich oben in der offenen Halle und ließ meine Blicke träumerisch über die wunderbare, von Licht durchfluthete Tropenlandschaft gleiten, was gar keine so sehr unangenehme Beschäftigung war. Als aber Schwester Henriette, der es wieder ein wenig besser gegangen war, einen erneuten sehr bedenklichen Fieberanfall bekam, hatte ich natürlich nicht die Ruhe, mich des kleinen Leidens wegen länger zu pflegen, sondern zog vor, dasselbe zu ignoriren. Meine Mitschwester machte mir damals ernstliche Sorgen, wir fürchteten sogar einigemal das Schlimmste, da ihr Pulsgang aussetzte und der Chefarzt hielt ihre Rückkehr nach Deutschland für durchaus nothwendig. — In dieser Zeit wurde Sansibar einmal wieder in Aufregung versetzt. Der ganz plötzliche, nach einer Mahlzeit erfolgte Tod des Sultans und das schnelle Begräbniß machte einen unheimlichen Eindruck und ließ die Vermuthung aufkommen, daß Segit Califa keines natürlichen Todes gestorben sei. Von seinem Nachfolger wußte niemand etwas und man war gespannt, wie sich die Dinge entwickeln würden. Wie es schon öfter vorgekommen war, wenn die Zustände nicht ganz sicher schienen, forderten unsere Leute Waffen von uns und waren der festen Ueberzeugung, daß ein Aufstand ausbrechen würde; auch die Europäer hielten einen solchen für möglich. Doch hatte sich der Thronwechsel in aller Ruhe vollzogen und der neue Sultan machte auf die Herren, welche Audienz bei ihm hatten, einen ganz günstigen Eindruck. Wir hatten unter dem Ereigniß insofern zu leiden gehabt, daß wir einen Tag Wassermangel litten, da die Sultansleitung zum Zeichen der Trauer geschlossen war. — Ende Februar wurde das nur provisorisch für die Wißmanntruppe eingerichtete Lazareth geschlossen. Schwester Asta, die demselben als Oberin vorgestanden hatte, übernahm Anfang März das Missionshospital mit der Baracke und Schwester Amalie blieb zunächst zur Unterstützung bei ihr, da an der Küste, wo sie eigentlich thätig sein sollte, noch kein Platz für sie frei war. Ich hielt die Zeit für geeignet, meine Thätigkeit in Afrika abzuschließen; auf sechs Monate hatte ich mich nur verpflichtet, nun waren schon zehn Monate verstrichen, seitdem ich der Heimath Lebewohl sagte und meine Verwandten wünschten dringend meine Rückkehr. So beschloß ich mich Anfang März auf dem „Peiho" nach Marseille einzuschiffen. Als unsere Leute hörten, daß Schwester Henriette und ich nach Deutschland reisen würden, da hatten wir einen wahren Ansturm auszuhalten.

Abdallah, Juma, Mufsa, Sadifi, der Mpischi und Mtoto — der Küchenjunge — alle wollten uns begleiten. Allzu viel Heimathsliebe scheinen die Neger in Sansibar und an der Küste nicht zu besitzen; das Wort „Uleia" in dem sie nicht nur alle Länder über dem Meer, sondern überhaupt alles Fremdartige begreifen, birgt für sie den Inbegriff alles Schönen. Ein Bedenken hatten sie aber doch; sie liebten alle so sehr die Wärme, wenn die Temperatur unter 20 Grad Reaumur sank, so fröstelten sie schon und so fragten sie denn, ob es auch in Uleia recht warm wäre? Um ihrem Begriffs=vermögen nahe zu kommen, deutete ich auf den Eisschrank; so ist es dort während vieler Monate des Jahres, erklärte ich. Da schauderte ihnen zwar, aber sie hätten, davon nicht genügend abgeschreckt, doch wohl das kalte Uleia ausprobiren mögen, wenn wir es riskirt hätten, die schwarzen Jungen vom heimathlichen Boden zu verpflanzen. Es wäre, fürchte ich, doch ein allzugewagtes Unternehmen gewesen. So mußten sie sich in ihr Schicksal finden, daß die beiden weißen Bibi's ohne sie über das große Wasser zogen. Am 6. März lich=tete der „Petho," der uns nach Europa führen sollte, die Anker. Das Scheiden wurde mir nicht ganz leicht. Das märchen=hafte Afrika war doch wohl ein Zauberland, das mich mit magischen Fäden umsponnen und festhalten wollte, denn kaum losreißen konnte sich mein Blick von den lieblichen grünen Gefilden der Insel Sansibar; würde ich sie jemals wiedersehen? Inschallah! Zwar winkte mir die Heimath sehr verführerisch, aber auch Afrika war mir lieb geworden und ich hatte ein warmes Interesse gewonnen für seine dunklen Bewohner. Gott mit ihnen und Allen, welche hinausziehen, um ihre Kräfte unseren jungen hoffnungsvollen Kolonien zu widmen, ich rufe ihnen ein herzliches Glückauf zu! Die dichten Schleier, welche über dem dunklen Welttheile liegen, sind zerrissen, eine neue Morgenröthe ist angebrochen, Nun muthig vorwärts durch Kampf zum Sieg, durch Nacht zum Licht!